百歳の哲学者が語る人生のこと

LEÇONS D'UN SIÈCLE DE VIE

Edgar Morin

エドガール・モラン

澤田直＝訳

河出書房新社

まえがき

この本で、私は教訓を与えるつもりはありません。一世紀にわたる経験、一世紀にわたる人生から、自分なりの教訓を引き出そうと試みました。みなさんが自分の人生について考え、自分の道を見出すのに役立てば幸いです。

百歳の哲学者が語る人生のこと　目次

百歳の哲学者が語る人生のこと

第一章

一であり多である
私のアイデンティティ

私は何者なのか。それに対する最初の答えは、私は人間である、というものになるでしょう。これが基盤となるわけですが、状況に応じて重要度が異なるさまざまな形容詞が加わります。私はフランス人であり、セファルディムと呼ばれるイベリア半島系のユダヤ人であり、部分的にはイタリア人でスペイン人であり、より広くは地中海人、文化的にはヨーロッパ人であり、世界市民であり、〈祖国地球〉の子どもということになります。しかし、同時にそれらすべてであることは可能なのでしょうか。たぶん無理でしょう。むしろ、状況や場合によって、主要なアイデンティティのどれかになるのです。

複数のアイデンティティを持つことがどうしたら可能なのか、と疑問に思われるかもしれません。私の答えは、それはありふれたことだ、というものです。じつは、誰もが家族にもとづいた、自分の村や町にもとづいた、地方や民族にもとづいた、国にもとづいた、より広く大陸にもとづいたアイデンティティを持っています。誰にとっても、アイデンティティとは複雑なもので、一つであると同時に複数であるのです。

一であり多である私のアイデンティティ

一にして複数のアイデンティティという意識は少しずつできたものです。両親は移民だったので、どこそこの国民というアイデンティティは持っていませんでした。彼らのアイデンティティは、当時はオスマン帝国内の平穏なオアシスであったテッサロニキ［ギリシャ北部の都市］に関連したものであり、それはセファルディムという民族・宗教的なものでした。テッサロニキはイベリア半島からユダヤ人が追放された一四九二年以降彼らが住み着いた場所の一つで、住民の半数がユダヤ人でした。トルコによって征服され植民地化されたギリシャ人、セルビア人、アルバニア人とは違って、ユダヤ人は寛大に迎えられました。近衛兵らによる略奪を被ることも、オスマン＝トルコ帝国によって迫害されることもなかったのです。彼らの一部は、十九世紀のはじめにイタリアのトスカーナ地方（リヴォルノ）からやってきて、世俗的な考え方、資本、そして社会主義をもたらしました。そのため、母方の祖父サロモン・ベレシは自由思想家で、子どもたちに神とは無縁の道徳教育を施しました。私の父は、若い頃はパリのことばかり考えていたそうです。テッサロニキの南方系ユダヤ人たちのブルジョワはフランス語を話していました。さらに、身内では「ジディオ（djidio）」と言われ、外部では「ユダヤ＝スペイン語」と呼ばれる古いカスティーリャ［スペイン］語を話していました。

私はフランスで生まれ、親から外国籍を受け継ぐことはありませんでした。両親は新たに取得したフランス人というアイデンティティの背後にぼんやりと故郷の街のアイデンティティを持っていました。家では「ジディオ」で話していましたが、私に対してその言葉を使うことはけっしてありませんでした。私の耳には今でもこの古いスペイン語の響きが残っています。スペインを訪れたとき、ほんとうに驚いたのですが、言葉がそれなりにわかっただけでなく、滅茶苦茶ですが話すこともできました。その後、私はスペインや南米でスペイン語を使う機会が増え、それを嬉しく思いました。このことは私のうちに、自分が一四九二年にカトリック女王イサベラによって追放された人びとの直系の子孫であることを確信させ、スペイン人としてのアイデンティティを呼び覚ましたのです。スペイン国籍は今なお法的に請求可能だから正式に申請してはどうかと勧められたことも一度ならずあります。

私は少年時代にごく自然とフランス人になりました。両親が私とはフランス語で話し、学校では私の精神がフランスの歴史を取り込んだからです。この歴史が自分の歴史だと実感したのは、歴史上の心躍る場面を学んだことによってでした。ヴェルサンジェトリクス［ガリア諸部族をまとめてローマ軍に抵抗した英雄］、ブーヴィーヌの戦い［十三世紀、フィリップ二世が独英連合軍を破った］、ジャンヌ・ダルク、アンリ四世の暗殺、大革命、ヴァルミーの戦い［一七九二年、フランス革命軍がプロイセン・オーストリアの連合軍に勝利］、第一次イタリア戦役、アウステルリッツの戦い、栄光の頂点のナポレオン、失墜しセントヘレナ島へ流されたナポレオン、一八四八年［七月王政を倒す二月革命］、一八七〇年［普仏戦争］、パリ・コミューン、一九一四—一八年戦争［第一次世界大戦］。当時、私はこの歴史の影の部分についてはまったく意識しておらず、これらの勝利や敗北、栄光や服喪にどっぷり浸っていました。私はフランスが被った苦痛に共感していたのです。とりわけ、フランスという国が消滅しかねなかった百年戦争に関してそうでした。だからこそ、この歴史のなかに根ざした自分を本能的にフランス人だと感じたのでした。

　同時に自分がユダヤ人であることを発見する機会もありました。両親は世俗的で宗教から離れていたのですが、ラビ〔ユダヤ教の聖職者〕のペラヒア師をお呼びして祖母の家でユダヤ＝スペイン語で行われる過越祭《ペサハ》の儀式的な夕食には私も出席させられました。私は割礼も受けていましたが、もちろん、その自覚はありませんでした。父は、会堂《シナゴーグ》で行われる成人式バル・ミツワーの準備を私にさせていませんでした。ところが、この式のためには若干のヘブライ語を学び、祈りを覚える必要があったのです。母方の祖父は敬虔な人だったので式の執行にこだわりました。父はしかたなく、私のことを哀れな孤児と偽って、ビュフォー通り[*1]のシナゴーグのラビに準備なしで式を行ってくれと頼みました。こうして、私はラビがささやくヘブライ語を意味もわからず繰り返したあと、家族に対してずっと敬意を持ち続けるとフランス語で誓ったのでした。

＊1　モランはパリの東側メニルモンタン地区で生まれ育ったが、ビュフォー通りはパリの中心九区でかなり遠い場所。

高校では、クラスの大半がカトリック教徒で、その他はプロテスタント、ユダヤ人が五人、無宗教の自由思想家の息子たちが数名いました。級友たちから私の宗教を尋ねられました。当然、私はユダヤ教徒ということになりますが、それは自分の文化的バックグラウンドと合致しませんでした。ユダヤ人であることは、級友たちにとっては奇妙な存在、あるいは、反ユダヤ主義を親から受け継いだ者にとっては悪い存在でした。

青年時代に個人的に攻撃を受けたことはほとんどありませんが、戦前の右翼の新聞、その後のヴィシー政権の苛烈な反ユダヤ主義キャンペーンは耐え忍ばねばなりませんでした。それでも、モンテーニュからヴィクトル・ユゴーへと続くヒューマニズム的伝統と次第に結びついていったフランス人としてのアイデンティティが揺らぐことはありませんでした。

何よりもヒューマニストとして

私のユダヤ人としての自覚は、民主主義、反ファシズム、反スターリニズムの危機のうちで探求されたヒューマニズム的な政治意識のうちで薄まりました。ナチスがドイツのユダヤ人の市民権を剥奪し、一九三八年十一月に水晶の夜事件[*1]を起こしたとき、私は十七歳でした。ユダヤ人なのだからドイツと戦うぞ、という考えは持たず、平和主義者で普遍的な観点にとどまりたいと考えました。

ドイツによってフランスは占領され、レジスタンスが起こり、戦争は終わりました。ユダヤ人というアイデンティティは目覚めたあと、消えました。レジスタンスのときにモランという名前を用いていた私は、戦後、他の人びとのように名前を公式に変えることを考えました。ですが、けっきょく身分証明書の名前はナウムのままにして、「通称モラン」と追記しただけでした。それに、当時は共産主義の係争の悲劇の方に眼を奪われていたので、イスラエルの独立戦争は遠くから見ているだけでした。もちろん、イスラエルの闘士や彼らが作り上げた共同体（キブツ）によって、商売一辺倒で弱虫のユダヤ人という神話が崩れるのは喜んでいましたが。

＊1　一九三八年十一月九日夜から十日未明にかけて、突撃隊（ＳＡ）のメンバーがドイツの各地でユダヤ人居住地域やシナゴーグを次々と襲撃、放火した。

一九六五年にはイスラエルに滞在しました。六日戦争[*1]の前です。ユダヤ人とアラブ人の間にある憎悪を発見しました。こうして、私はイスラエル国家のうちに自分のルーツを探し求めることはやめました。その後、イスラエルがパレスチナ民族を支配するようになると、再び自分のことをユダヤ人と感じざるをえなくなりましたが、それは普遍主義と反植民地主義を掲げる最後のユダヤ人知識人として、つまりアラブ・パレスチナの植民地化に反対する知識人としてでした。私は『ル・モンド』紙に批判的な記事をいくつか書いたために、裏切り者、さらには反ユダヤ主義者呼ばわりされました。

私は父と祖先を称える『ヴィダルとその一族』[1]という本を書いているのですから、自己嫌悪を含んだユダヤ嫌悪という非難は滑稽です。

私はイスラエル国家の存続の権利に対して反対を表明したことはけっしてありませんし、イスラエル国民が過去に被り、将来被るかもしれない歴史上の危険についても自覚していました。

その一方で、パレスチナ人に対するイスラエルの軍隊や警察による鎮圧活動は批判しましたし、国連決議および今では潰《つい》えたオスロ合意にもとづくパレスチナ人が国民国家を持つ権利を認めました。私の真の望みは、マルティン・ブーバー［ウィーン生まれのユダヤ人哲学者］のように、ユダヤ・アラブ両民族が共存する国でした。

私は、これまでの歴史と自分自身の経験から、他の民族を植民地化する民族が相手を軽蔑する傾向があることを知っています。しかし、植民地化を行う民族のなかにも、相手に同情し、手を差し伸べようとする人間が少数ながらいます。私の場合がそれなのです。

閉鎖的で排外的なアイデンティティの名の下に他者を誹謗中傷するよりも、普遍性を目指す私の仕事によっての方が、ユダヤ人というアイデンティティに名誉をもたらすことができると思います。

ユダヤ人の祖先を持つことを認め、選ばれた民族ではなく呪われた民族の一人であることを肯定することで、私は自分のことをポスト・マラーノ[*2]であると、つまりモンテーニュ（彼もユダヤ人を祖先に持っていました）や、シナゴーグから破門され

＊1　一九六七年六月五日から十日までの六日間、イスラエルと隣国（エジプト、ヨルダン、シリア）の間で行われた戦争。第三次中東戦争。

たスピノザの息子だと考えているのです。

スペイン人、イタリア人、ヨーロッパ人

私のスペイン人としてのアイデンティティは、家で話されていた昔のスペイン語と、黄金世紀の演劇や文学、ガルシア・ロルカ〔スペインの詩人、劇作家〕やアントニオ・マチャード〔スペインの詩人〕への愛から来ています。そして、何よりもスペイン、特にアンダルシア地方に滞在したときに懐かしい母の味を見出したことから来ています。とはいえ、私のイタリア人としてのアイデンティティはより強いものになりました。それはトスカーナ地方を自分の母国と心底から感じたためだけでなく、母方のベレシ家やモセリ家の起源がイタリアだからでもあります。ナウム家もトスカーナ地方に一時期住んでおり、イタリア国家統一運動リソルジメントに参加した者もいました。それに、ナウム一家は、イタリアが独立した統一国家になってからはテッサロニキでイタリア国籍を取得しました。

スペインのフェリペ・ゴンサレス首相が、私にスペイン国籍を取り戻してくれよ

うとしたように、リヴォルノの町は私に名誉市民の称号を贈ってくれました。

私がヨーロッパ人になったのは一九七三年のことで、これは政治的な意味ででした。私はそれまで世界の支配者であり、非人道的な植民地支配の列強であったヨーロッパが植民地を失い、中東の石油という点滴によってのみ生き延びる老いぼれに成り下がったことを発見しました。しかし、ヨーロッパに対する私の希望は、ヨーロッパの組織が最初は技術官僚主義《テクノ・ビューロクラシー》の、後には金融的な力に屈したことで、衰えていきました。そして、ついには、EUの創設メンバーと後から加わった東の国との間の対立や、ギリシャのツィプラス政権に対するEUの破壊的な圧力や、アフガニスタンやシリア難民に対する態度などによって、私の失望は決定的になりました。

＊2（17頁）マラーノとはイベリア半島でやむなくキリスト教に改宗したユダヤ人。モランは、宗教的帰属とは無関係に、二重意識を持ち、二重のアイデンティティを生きるあり方をマルクスとフロイトの内に見出し、彼らを典型的なポスト・マラーノと呼んでいる。ポスト・マラーノの特質は、自明の理を問い直し、懐疑的であると同時に批判的であり、世界の神秘を常に問うこと。モランは複雑性思考を「マラーノ的特質（異なる、時には対立する見解――合理性、神秘主義、信仰に対する見解を含め――を統合することへの関心）の思考段階である」と見なしている。『E・モラン自伝』菊地昌実／高砂伸邦訳、法政大学出版局、一九九九年、一八〇頁。

いま残っているわずかなものが完全に消滅しないことを願いますが、私のヨーロッパに対する信仰は完全に失われてしまいました[*1]。

私は思春期から、ヒューマニズム的な教養に対する関心のために人類全体の運命を考えてきました。レジスタンスに参加したとき、グループリーダーのひとり、フィリップ・ドシャルトル〔一九一九～二〇一四。政治家。のちに閣外大臣など歴任〕から、なぜ非合法活動に参加するのかと問われた私は、フランスの自由だけでなく、人類全体を解放するための闘争に参与するためと答えました。当時の私はこの闘争を共産主義と同じだと考えていたのです。

しかし、その後、混同は消え去り、私は一九五二年か五三年頃でしたが、「世界市民の会」の会員になりました。会員証は今でも持っています。その後、私は、一四九二年以来始まった、ハイデガーの表現を借りれば[*2]、惑星規模時代の発展を生きているという自覚を持ちました。『アルギュマン』[*3]誌に、当時は「第三世界」問題と呼ばれていたものについて記事を書きました。一九九三年に『祖国地球』[2]という著書を執筆、刊行し、それからはアルテルモンディアリスト[*4]になりました。とはいえ、技術・経済的なグローバル化が人類全員に共通の運命を作り出したことは認識していました。ですから、「祖国地球」と、運命共同体というバイアスを通して私は、自分の最初の本質的なアイデンティティ、つまり、人間であることに戻ってきたわけです。

複数のアイデンティティの重なり合い

レジスタンス当時、パリでは私の身分証明書にはガストン・ポンセと書かれており、これはマンションの管理人や警察向けのものでした。レジスタンス仲間の間で

＊1 モランにはヨーロッパに関する著作がある。『ヨーロッパを考える』林勝一訳、法政大学出版局、一九八八年。
＊2 ドイツの哲学者ハイデガーの中期から後期の思想で「惑星的なもの」とは「技術」による支配が地球規模で進行している動向を示す。それぞれの故郷としての固有な「大地」から引き離され、グローバリゼーションが進む状況。
＊3 モランが、ロラン・バルトらと一九五六年に創刊した雑誌、一九六二年に終刊。
＊4 新自由主義経済を基盤とするモンディアリスム（グローバリズム）に反抗し、別の道を模索する運動の活動家。

はモランと名乗り、父に手紙を書くときや親戚家族と会うときはナウムに戻りました。

一度だけ、この二つのアイデンティティが急反転する事件が起こりました。

私はある日、美しい娼婦と一緒にドイツ人将校たちが通っているピガール［パリの歓楽街］のホテルに行きました。彼女が私の性器をつかんだとき、私は自分が割礼していることを思い出して恐怖にとらわれました。娼婦は一生懸命に私の一物を固くしようとしましたが、それは萎えたままでした。うまくいかないのにうんざりした彼女は、隣の部屋で乱痴気パーティーをしている兵隊たちのところに行ってしまいました。私はそそくさと服を着て、こっそりホテルを立ち去りました。ナウムが突然現れて、モランを追い出した瞬間だったのです。

フランス解放後、身分証明書、パスポートなどあらゆる公式書類においてはナウムに戻りました。私はこの名前を隠すことはしません。私に関して書かれた記事はこのことに触れていますし、さらには世代を圧縮して私自身がテッサロニキ出身だと書くものまであります。しかし、けっきょくのところ、私は自分の父親の息子であると同時に、自分自身の仕事の息子でもあるというアイデンティティに満足しています。身分証明書に、私にとって愛着のある母方の名字ベレシを入れておけばよかったと思うこともありますが、当時は思い至りませんでした。けっきょくのところ、私はこの多元的アイデンティティを物珍しいこととしてではなく、豊かさとして生きています。これらのアイデンティティは、私の自我《エゴ》と、それらを統合するエドガールという名前のうちで、内的・外的な条件にしたがって、そのときどきに現れるのです。

家族のアイデンティティ

私の両親には六、七人の兄弟姉妹がいました。相互扶助の共同体として、彼らの生活は生涯を通じて結ばれていました。私たちの世代のカップルだと、子どもは一人か二人です。大家族が終わり、絆は弱まりました。一人っ子であった私はときどき、叔父、叔母、いとこたちと会いました。彼らのうちの何人かとは情愛に満ちた関係が築かれました。

母、リュナが亡くなったとき、私は十歳で、それまで以上に孤独になりました。

母は神話的な存在となり、身体を備えた存在ではなくなりました。父は一人息子の私を過保護に育てましたが、それを束縛と感じた私は機会が訪れるとすぐに逃げだそうとしました。私は家庭の外ばかりで過ごしました。学校、映画館、書物、街などで教育を受け、自分の真実を学んだのでした。

結婚して二人の娘ができたとき、私は娘たちを教育しようとは思いませんでした。自分の経験から、独学に勝るものはないと思ったからです。その後、妻のヴィオレットと別れたとき、娘たちは十一歳と十二歳でしたが、私の新しい恋愛と、執筆や政治活動へのこだわりのために、娘たちとの関係はたびたび中断しました。それでも完全に途絶えることはありませんでした。私はよい息子でもよい父親でもなかったとはいえ、夫としては妻を愛し、妻から愛されました。

時とともに、私は父と少しずつ和解したばかりでなく、父を自分のうちに組み込みました。父が亡くなったとき、それまで父のことをしかるべく評価してこなかったことを恥じて、父の人となりと生涯について本を書きました。一九八四年に訪れた父の死は、時とともに遠くなったにもかかわらず、私のうちでその存在はより近くなりました。私の顔はかつては母に似ていたのですが、今では父に似ています。

近ごろサバー〔モランの現在の伴侶〕と一緒に写っている写真のいくつかを見ると、まるでそこにいるのは私ではなく父のようです。父さんが、九十九歳の私の内部にいるのです。

近年では、娘たちとの家族生活を取り戻すことができたらと強く思います。クリント・イーストウッドが映画『運び屋』[*1]で演じたあの老園芸家のようです。娘の結婚式や家族パーティーをないがしろにして、園芸コンクールに入れあげていたのに、今では家族団欒を求める人物の話です。私の場合、娘のヴェロニクとの間には誤解がありました。次女のイレーヌはありのままの私を受け入れてくれましたが、私がモンペリエ〔南仏の町〕を離れたことや、新型コロナウイルスによるロックダウン、モロッコでの入院生活や病後回復のために、私の望みは実現できませんでした。人生のさまざまな冒険、恋愛、情熱をそそいだ知的活動、それらが怠慢と相俟《あいま》って、

＊1 映画原題は"The Mule"（二〇一八年公開）。園芸家として活躍したアール・ストーン（クリント・イーストウッド）は家族も顧みず、自分の仕事に邁進していたため、家族と疎遠になっていたが、八十歳を超えて麻薬の運び屋となり、家族との絆を再発見しようとする。

団結した家族という素晴らしい宝物を得ることができなかったのです。

私は家庭を築くことができませんでした。今のパートナーと出会う以前、三度結婚しました。結婚生活は比較的長く（十八年、十六年、二十八年）続いたので、最初はよそ者同士として始まる家族というものに統合される時間は十分あったはずでしたが、持続的な形でとどまるには短すぎました。それでも、私はそのときどきの伴侶のおかげで、新しい生活を味わうことができました。ヴィオレットとはペリゴール地方［フランス南西部ドルドーニュ県の旧名］の田舎を、ジョアンヌとはケベックの「静かなる革命」［一九六〇年代にカナダ、ケベック州で行われた政治・経済・教育の諸分野での近代化改革］とアフロ・アメリカンの条件[*1]を、エドヴィッジとは医者たちからなる上流階級の生活を味わいました。そして今は、サバーとフランス＝モロッコの知的生活を楽しんでいます。

私は愛され、愛する配偶者ではありましたが、互いの人間的成長の道が異なっていたために、ヴィオレットとジョアンヌとは別れることになりました。エドヴィッジの場合だけは死別で、二〇〇八年に彼女は亡くなりました。

その後は、一人で生きるのだと思っていたところ、二〇〇九年に信じられない偶然で、モロッコの古都フェスで開催された世界宗教音楽祭でサバーと出会いました。運命的な出会いでした。年齢は四十歳も離れているのに、運命が共通していたからです。彼女は十歳のとき愛する父親を亡くしました。私も同じ年齢で最愛の母を失いました。彼女は独学で自己形成しましたが、それは私が孤独と家族の無理解のうちで自分を作り上げたのと同じです。そして、ドストエフスキーをはじめ同じような本が私たちの人生に重要な印を残しました。二人とも非合法的な闘争の経験があります。私の場合はレジスタンス、彼女の場合はモロッコ国王ハサン二世治下の鉛の時代のものです。[*2] そして、私が『自己批判』[3]で表明した幻想からの目覚めを読むことで、彼女も幻想から目覚めたのでした。

彼女は大学教授となり、私の著作から滋養を得て、中東問題に関する私の立場によって勇気づけられました。

＊1 二人目の妻ジョアンヌ・ハレル（一九三〇〜九四）は、カナダの女優、作家。父は黒人で英語話者、母は白人でフランス語話者。カナダのファッション界で最初に注目された黒人系女性。

＊2 ハサン二世の治下、とりわけ一九七〇年から九九年まで強固な独裁的で暴力的な統治が行われ、反体制派の人は容赦なく弾圧された。

というわけで、可能なかぎり最も深い絆が私たちを互いに結びつけたのです。彼女のおかげで、私は単なる生き残りの人生を避けることができ、人生を新しく始めたのですが、それだけでなく、多くの意味で彼女に人生そのものを負っています。

彼女は私の作品のうちにも存在しています。たいていは目に見えない形ではありますが、彼女の指摘や示唆、見直しや批評があるのです。大学の教員・研究者である彼女は、都市社会学の分野での自らの創造的な研究を犠牲にして、私の生活に身を捧げてくれているだけでなく、今や私たち共通のものとなった私の思想にも身を捧げてくれています。

日々の愛の素晴らしさ、朝晩のキス、私のことを気遣う彼女の優しさが、この百歳に向かう不確実な歩みに同伴してくれていることを考えると、大きな感動を覚えます。

人格《パーソナリティ》という複数的な統一性

愛しているときの花開くような優しさと、激しい怒りのときの人格は、誰でも同じではありえないでしょう。一九六一年から六二年にかけて執筆し、六九年に出版した『問題の核心』[4]で、私は二重人格、さらには多重人格のケースに驚愕しました。同じ人物が顔つき、性格、文体まですっかり変えてしまい、一つの自我から別の自我へと無意識のうちに移ってしまう。双極型や躁うつ病の場合がよく見かける例です。同じ人が、楽観的になり、高揚し、超活動的になり、積極的になったかと思うと、反対の局面に入ると落ち込み、悲観的で、無気力、不活発になる。高揚した恋愛感情の、相手を崇めるような状態から、とつぜん今度は批判、非難、叱責の嵐を相手に降らせる状態に変わったりする。同じ自我を交互に占めているとはいえ、もはや同じ人物ではありません。あたかも、ある種の精神や感情の状態から別の状態への移行が、首尾一貫した人格へと結晶化し、はっきりとした特徴が現れては消えるかのようなのです。

こういったことは程度の差こそあれ、誰にでも起こると思います。私は、母のメランコリー気質に侵略されると感じるかと思えば、父の陽気さに占拠されると感じることもあります。自分のことを怠け者と感じることもあれば、過剰に行動的だと思うこともあり、半睡状態のときも、覚醒状態のときもあります。美的エモーションのうちで魅了されたトランス状態に陥ることもあります。執筆の際には、自分以上の何か、外的でも内的でもある力に自分が支配されていると感じます。また、怒ったあとはいつも、自分自身のデーモンにとりつかれていたと思うのです。

私の孤独な知的行程

私の第一作『ドイツ零年』[5]は、荒廃し混乱したドイツに一九四五年から四六年にかけて滞在した経験の産物ですが、好評のうちに迎えられました。何人かのドイツ専門家の反感を買いましたが、当時、ドイツの歴史の類い稀で例外的な瞬間について語るものは誰もいませんでした。同じように、『人間と死』[6]は私の最初の重要な本で、学際的な仕方で問題に取り組み始めたわけですが、専門家からは見向きもされませんでした。それまで、歴史、社会学、心理学を組みあわせた仕方で、死を前にした人間の逆説的な態度について考察した者は誰一人としていなかったからです。映画に関する人類学的な本を書いたときも同じでした。その本は専門家を傷つけることはありませんでした。スターやほとんど神話的な人物たちについての本も同様で、彼らは社会学者などに興味を持ったことはなかったのです。[*1]

それに対して、『方法』[7]を発表したときは、ある種の知の領域の所有者たちの猛反発を引き起こし、専門性が欠けているとか、大衆向けの啓蒙書だなどと批判されました。ところが私の意図はばらばらの知識を再解釈し、つなぎ、複雑性を論じるための方法を作り上げることだったのです。

無理解や中傷の被害者が昔も今も多数いることを私は知っています。私自身、深く傷ついたこともありました。私自身、彼らの誤りなり、ある人たちの場合には彼らの虚栄心だと考えたものなりを批判したこともあります。ただ、私に攻撃を加えた人をこちらから攻撃したことはありません。

共産党と縁を切った後は、すべての離党者が受けるお定まりの侮辱を受けました。また、パレスチナ民族に対するイスラエルの抑圧的な政治を批判したときにも手酷

＊1『映画 あるいは想像上の人間：人類学的試論』渡辺淳訳、法政大学出版局、一九八三年。『スター』渡辺淳／山崎正巳訳、法政大学出版局、一九七六年。

い中傷を受けました。公的な人物になると数多くの敵を持つことになります。しかし、また、多くの見知らぬ友人の助けも受けるのです。

私は国立科学研究センター（ＣＮＲＳ）の研究員として自由で独立した状態でいることを選びました（私の業績は、質はともかく量的には十分だと評価されました）。地方の大学でのポストを求めなかったのは、専任教員が退職したり亡くなったりして空席となったパリの大学に行くことばかりで頭がいっぱいになるのがイヤだったからです。私は、コレージュ・ド・フランス〔フランスの最高学府〕のような名誉あるポストを望むことも、学士院に入ることを夢見ることもありませんでした。それでも、外国の大学の名誉博士号を三十八ほど授与されたことは大きな喜びです。

けっきょくのところ、私は何者なのか

ここまで自分のことを長々と描いてきたわけですが、欠落の少なからずあるこの自画像には、他にも欠けているものがあるので、それについて少し話しましょう。

私は、ある社会の極小の一部であり、過ぎゆく時間の流れのなかの儚い瞬間に過

ぎません。それだけではありません。〈全体〉としての社会は、その言語、文化、慣習とともに私の内部にあります。私が生きた二十世紀と二十一世紀という時間は、私の内部にあります。人類は生物学的に言えば、私の内部にあります。哺乳類、脊椎動物、多細胞生物は私のうちにあります。

地上の現象である生命は私のうちにあります。そして、あらゆる生命体は分子からできており、分子は原子の集まりで、原子は素粒子の結合したものですから、物理的世界の全体と宇宙の歴史が私のうちにあると言えます。

自分にとっては私が一つの〈全体〉であり、このことはたとえ〈全体〉にとって私がほとんど無に等しいとしてもそうなのです。私は八十億人の人類のうちの一人で、特異であると同時にありふれた個人で、他の人とは異なるけれど、他の人と似た存在です。私という存在は、ありそうにない、偶然で、両義的で、驚くべき、予期せぬ出来事や出会いの産物です。それと同時に、私は〈私＝自我〉であり、具体的な個人で身体組織はけっして単純な機械ではなく、自動‐生態‐組織的な極めて複雑な機械なのであり、予期せぬことに応え、予期せぬことを創造することができます。脳は各人に精神と魂を与えますが、この精神と魂は、脳を分析する神経科学には見えないもので、各人が他者や世界と関係する際に現れるものなのです。

私たちのそれぞれは一つの小宇宙《ミクロコスモス》であり、〈私＝自我〉という還元不可能な統一性のうちに、しばしば無意識的に、多数的な〈全体〉を持っています。そして、彼はさらに大きな〈全体〉のなかでは、このような多数的な〈全体〉の一部でもあります。この複数の〈全体〉は、自分の先祖や、社会的に帰属する集団の多様性などからなっています。

何か一つのものに還元されたアイデンティティを拒否すること、アイデンティティの統一性／多数性（unitas multiplex）を意識することは、人間関係をよりよくするために、精神衛生上、必要なことです。

第二章

不測と不確実

今から百年前、三億の精子のなかのたった一つが、一つの卵子のなかに入り込み、受精しました。胎児の私は、堕胎されそうになりました。生まれる前に死にかけたのですが、そうはなりませんでした。しかし、へその緒が巻きついていたため窒息して、ほとんど死産の状態でした。産婦人科医が何度も叩いてようやく産声を上げ、死を免れたのでした。

運と不運はたがいを生み出す

こうして、生まれる前に死ぬ運命だったという不運は、生きるという幸運になりました。とはいうものの、生きるという幸運にはどんな場合でも、多くの不運の可能性が含まれています。

生きるという私の幸運から最も恐ろしい不運が生じました。十歳のとき、母を失うという不幸に襲われたのです。

この恐ろしい不運がその傷口を完全に閉じることはありませんでしたが、この不運のために、思春期、十代の私は、文学や映画、のちには音楽の世界に逃げ込みました。これらの作品は私にとって日々のドラッグになったのです。私を養い、私を救うドラッグであり、そのおかげで、逃れようとしながらもそこに生きる世界の現実を発見したのでした。こうして私は、孤独な思春期に自分の教養と真実を作り上げました。

不幸はもう少しで私を破壊しかねませんでした。母の死から一年後、私は医者にもわからない病気にかかり、高熱が続き、適当に口蹄疫（ふつうは牛がかかるものです）と診断されたのですが、身体の周りに氷を押しつける治療で一命を取り留めました。

不幸や重篤な病気を乗り越えることは、それを経験したボリス・シリュルニク［一九三七〜。精神科医。ユダヤ人一斉検挙のサバイバー］が「回復力《レジリエンス》」と呼んだものであり、不運のうちに幸運が含まれるということです。こうして、母の死は、孤児となった一人息子の私に、兄弟や姉妹を持ちたいという強い欲求と、愛したいという強い欲求をもたらしたのです。そのために、大いなる孤独の後で、人生において結びつく兄弟姉妹を探し求め、私は情熱的な恋人になり、愛のうちに人生と仕事に必要な炎を見出しました。最初の不幸が不幸でなくなったわけではありませんが、不幸から私の人生の大いなる幸福が訪れたのです。

新たな不幸は、一九四〇年六月にパリで大学一年の試験を準備しているときに起こりました。ドイツ軍が進軍を続けているために試験が中止になったことをラジオで知った私はトゥールーズ[*1]に避難し、それが結果的には私の人生の幸運の一つとなりました。そこで最初の兄弟や姉妹に出会ったからです。そして、広大な詩的感情を伴った私の初恋と、それに続く失恋を経験しました。その地で私はヴィオレットと結ばれ、彼女は私の伴侶となりました。その地で初めて、作家、知識人、レジスタンス闘士の世界を知り、それが私の人生を変えました。後には排斥の憂き目に遭

＊1 南仏の都市。ドイツ軍による占領後、フランスの南半分は自由地帯にとどまったので、多くの者が南に避難した。

うのですが、私は幸せな日々を過ごせたのでした。

その地で私は、ドイツ国防軍によるソ連侵略とモスクワの戦い以降、反スターリン主義者から共産主義者へ、平和主義者からレジスタンスの運動家に変わったのです。

とりわけ、私のレジスタンス運動が、共産主義への信仰と同時に、ド・ゴールの主導する運動のうちにあったことは、凡庸な生存《サバイバル》ではなく、強烈に生きるための運《チャンス》となりましたし、ピエール・ル・モワン〔一九一三〜七四〕、ド・ゴールの甥のミシェル・カイヨー〔一九一三〜二〇〇〇〕、フィリップ・ドシャルトルといった素晴らしい人びとと兄弟愛のうちで過ごすことも運《チャンス》だったと言えます。そして、私はフランソワ・ミッテラン〔一九一六〜九六。社会党第一書記などを歴任したのち、大統領を二期務めた〕の勇気に強く打たれました。

ソ連の共産主義の本質を完璧に見誤っていたことは後悔していますが、それでも六年ほど続いた私の共産主義者時代が不運だったと言うことはできません。なぜなら、それは後になって、内部からそれを生きたことによって全体主義を理解する機会を私に与えてくれたからです。共産主義と決別した後の『自己批判』[8]によって、私は洗脳から抜け出し、知的自立を獲得する幸運に恵まれたわけですし、こうして、複雑な政治思考を粘り強く探求する幸運に恵まれたからです。

そうはいっても、ドイツ占領からの解放の興奮の後には大きな不運に見舞われました。私の新聞記事はいかなる反響も呼びませんでした。私はヒトラーの犯罪に関する展覧会を企画したのですが、役所が送り込んできた二人の鈍くさい役人のせいですっかりイヤになってしまいました。

ところが、幸運が偶然の形をとって私を救ってくれました。道でばったり出会ったピエール・ル・モワンが教えてくれたのです。ドイツに入った先遣隊が、強制収容所送りになったり強制労働を課せられたりしたユダヤ人の帰国事業に従事するレジスタンス運動家を占領地で募集していると。ヴィオレットと私はこの機会に飛びつき、急いで結婚すると、ジャン・ド・ラトル・ドイツ駐留フランス軍最高司令官の本部があったリンダウ［スイス、ドイツ、オーストリアの国境のボーデン湖（コンスタンス湖）に浮かぶ島］に向けて出発しました。私たちはそこで、新しい兄弟姉妹とともに幸せな一年間を過ごし、解体されるドイツという稀有な経験を目のあたりにしたのです。

偶然とは何か

ここで私は偶然を持ち出したのですが、偶然はおそらく、私の母の卵子に幸運な精子が進入したときにも働いていたのではないでしょうか。胎児の私が堕胎薬に抵抗したときにも。産婦人科医が、ほとんど死んでいた私を諦めずに生きさせようとしたときにも。偶然はまた、母がルイユ＝パリ間の列車のなかで眠っていたように見え、サン＝ラザール駅［パリの主要ターミナル駅。パリ北西郊外とノルマンディー地方方面への列車が発着］に着いたときには蘇生処置をするには遅すぎる状態で発見されたときにも働いていたのではないでしょうか。偶然は私の人生につきまとっていたのではないでしょうか。

偶然とは、言うまでもなく予測不可能なもののことです。「賽の一振りはけっして偶然を排することはないだろう」［マラルメの有名な詩句］。しかし、賽を何度も振ることで個人の偶然は集合的な統計のなかに解消されていきます。けれども、人生のゲームの場合は異なります。というのも、それはさまざまな特異な出来事からなっているのであり、同じ賽を反復的に投げることとは違うからです。予測不可能性は予期せぬものの潜入のうちで、偶発事《アクシデント》ないしは創造であり続けます。要するに、ひとは偶然がほんとうに偶然かどうかを知ることはできません。

かつて偶然は、さまざまな決定の偶発的な出会いのように考えられていました。花瓶が重力の法則に従って二階のベランダから落ちて通勤途中の通行人の頭に当たるといった具合です。数学者のグレゴリー・チャイティン〔一九四七〜。アルゼンチンの数学者、コンピュータ科学者〕は偶然に次のような定義を与えました。偶然とは、アルゴリズムの非圧縮性に属する事態、すなわち出来事の継起を事前に決定することの不可能性である、と。ω《オメガ》は、数学的な知の限界、計測可能なものの限界、アルゴリズムの限界、予測可能性の限界の記号です。

しかし、予測不可能性やアルゴリズムの非圧縮性は、偶然が、私たちの判断力には見えない現実に属す隠れた決定論に従っている可能性を排除するわけではありません。じっさい、ある種の下意識的な直観、ほとんどテレパシーのようなものが、予見不可能なものを何らかの仕方で予見することができると言えるのです。

例えば、レジスタンス期の私の幸運は、用心深さに多くを負っていました。それは友人のジョゼフが捕まり、ゲシュタポが来る間際に隠れ家のベッドの下に置いてあった活動資金の入ったスーツケースを私が持ち去った際に学んだものです。とはいえ、二度ほど原因のわからない幸運に助けられたことがありました。

一番驚くべきケースは、私が安全な場所だったヴォジラール墓地［パリ左岸十五区］で、友人で副官のジャン［ヨハン］と待ち合わせをしたときのことです。彼はドイツ人で、スペイン戦争を経験した反ファシズム主義者でした。待ち合わせの場所に彼がやってこなかったのに、私は彼が捕まったとは一瞬たりとも思いませんでした。今では、この能天気さに自分でも驚きますが、彼のホテルに会いに行こうとしたほど用心を欠いていたのです。ホテルに着くと、彼の部屋の鍵がフロントにないことを見て部屋にいると考え、レセプションに受付嬢がいなかったので、彼の部屋がある三階まで駆け上ることにしました。ところが二階の踊り場で突然の疲労に襲われ、立ち止まり、しばし物思いに浸った後、私は階段を再び降りて、ジャンに、ソルボンヌ大学の回廊で落ち合おうというメッセージを残して立ち去りました。じつは、そのときゲシュタポは、彼を逮捕した後で、他の連中も捕まえようと部屋に鼠取りを仕掛けていたのでした。その日の朝、彼に会いに行った我々の友人、ギャビー・ブーヌは捕まっていました（彼女はその後、強制収容所に送られましたが、帰還しました）。

なぜ、二十二歳の私がたかだか階段を一階分駆け上がっただけで疲れに襲われたのでしょうか。偶然でしょうか。不可思議な警告だったのでしょうか。それはどこから来たのでしょうか。サバーは、母さんが私のことを見守っていたのだと言います。だとすれば、母の死が、死やさらに恐ろしいことから私を守ってくれたことになります。というのも、私はヨハンと同じように拷問にかけられたでしょうから。

もう一つ別の無意識の警告の経験がありますが、こちらはもう少しわかりやすいものです。バーデン＝バーデン〔ドイツ南西部、フランス国境近くの温泉・保養地〕のフランス占領地域の軍政府で働いていたとき、仕事が終わった後、友人たちとアメリカ占領地帯に行って、ウイスキーと上等な煙草を手に入れようじゃないか、ということになりました。廃墟と化していたカールスルーエ〔フランスの国境に近いライン河畔のドイツの都市〕をさまよった後、私たちは米軍占領地帯に向かう自動車道を進んでいました。後部座席の仲間たちは半睡状態で、運転手の隣に座っていた私も半分寝ていたのですが、突然目が覚めて、「ストップ！」と叫びました。運転手は壊れた橋のわずか手前で停車しました。自動車道の橋は壊されて奈落が広がっており、その晩はすでに米軍のジープが大破していたのでした。

不幸の利点、逆境の効用

このように幸運と不運は続いていて、それは偶然と言わないまでも、予見できないものと繋がっています。

幸運の例をあげましょう。ロベール・アンテルム[*1]が、マルグリット・デュラス[*2]と一緒に、「普遍的都市国家」という小さな出版社を立ち上げ、ドイツについての本を書かないかと私に持ちかけました。ドイツからパリに戻ってきた際にドイツの荒廃と分割のことを彼に話したことがあったからです。これが一九四六年に私の著者としてのデビュー作となった『ドイツ零年』です。別の幸運もありました。この本は、それまで支配的だった反独のトレンドと一線を画すものでしたが、フランス共産党が大急ぎで追従しなければならなかったソ連のイデオロギー転換の恩恵を受けました。その結果、排除されるどころか称賛されたのです。

今度は不幸の例をあげましょう。私は、共産党が管理していたＦＮＤＩＲＰ（抵抗者・愛国者移送抑留全国連盟）の発行する『抵抗愛国者《パトリオット・レジスタン》』紙の記者として口を糊していたのですが、その職を失い、失業者となりました。この不幸は、一年間、国立図書館に通い、著書のためにノートを書きためる日々を送るという幸福によって補償されました。こうしてできた本が『人間と死』です。

その後、私が失業の身の上であることを社会学者でレジスタンスの活動家でもあったジョルジュ・フリードマン[*3]に告げると、彼は国立科学研究センター（ＣＮＲＳ）に勤めるのはどうだろうと提案し、支持を約束してくれました。そして、応募書類

＊1　一九一七〜九〇。フランスの詩人、作家、レジスタンス活動家。第二次世界大戦中にゲシュタポに逮捕され、強制収容所に抑留された。収容所生活の克明な記録である『人類』（一九四七）を発表。
＊2　一九一四〜九六。フランスの作家、仏領インドシナ生まれ、『愛人』の著者。モランとその妻ヴィオレットは、サン＝ジェルマン＝デ＝プレ地区のデュラスのアパルトマンに二年ほど寄寓した。
＊3　一九〇二〜七七。パリ大学教授などを歴任。都市と農村問題の他、産業社会における機械化・自動化や分業の深化との関連で人間労働の問題を考察。『工業機械化の人間的問題』（一九四七）、『人間労働の未来』（一九五一）、『細分化された労働』（一九五五）。

を出すにあたって大学の有力者の後援を取り付けるように助言し、モーリス・メルロ＝ポンティ［哲学者］、ウラジミール・ジャンケレヴィッチ［哲学者］、ピエール・ジョルジュ［一九〇九〜二〇〇六。フランスの地理学者。当時はリール大学助教授］が私のために推薦状を書いてくれました。つまり、CNRSでのキャリアと、自由であり続けることについては、失業者であったこととジョルジュ・フリードマンとの食事という偶然に負っているわけです。確かに、フランス国内軍（FFI）の将校に相当するレジスタンスの責任者であったのちに、CNRSの次席研究員[*1]となったわけですが、私は幸福で自由でした。

幸運と不運、不幸と幸福についてまだまだ話すことはできます。じっさい、妻エドヴィッジの死という不幸から一年後に、僥倖《ぎょうこう》とでもいうべき偶然によって、ほとんどありえない形でサバーと出会い、今では彼女が私の命の糧となっているのですから。

一九六三年に私が『ル・モンド』紙の編集長に呼ばれたのもまったく思いがけないことで、それ自体思いがけない現象を理解するためのものでした。ラジオ局ウーロップ・アンの番組「やあ、仲間たち」がナシオン広場［パリ11区と12区の境界に位置する」で行った巨大野外コンサートが、なぜ反警察を掲げる暴力的な祭りになってしまったのかを解説してほしいと言われたのがきっかけでした。[*2] それ以来、長きにわたって『ル・モンド』紙に寄稿しています。

私が、プロゼヴェ[9]での学際的な調査に参加したのも、ジョルジュ・フリードマンからの思いがけない示唆によるものでした。当時私はそれとまったく無関係な、活動家に関する研究をしていました。一九六五年、このブルターニュ地方の小村で過ごした一年間は私にとってきわめて実り豊かなもので、一九五五年以降フランスの近代化が多次元的に発展したことがよく理解できました。そこから私が引き出した学際的な著作は、予測不可能な発見をするという長所を持っていました。ところが、驚くべきことに、科学技術研究委員会から断罪されてしまったのです。たまたま通りで出会ったレーモン・アロン〔社会学者〕が忠告してくれたおかげで、どうにか公

*1 最下位のポストなので、レジスタンス時と比べると降格の感がある。給料は安いが自分の研究以外の負担はなく、授業を担当する大学と比べれば自由度が高い。

*2 当初は普通のコンサートだったのが、ショーウインドーを破壊し、車を転覆させ、街を破壊する激しい暴動に変わってしまった。

式に反論を行うことができたのですが、本来なら受けて然るべきだった称賛は得られませんでした。

アンリ・ルフェーヴル〔一九〇一〜九一。マルクス主義社会学者〕から一九六八年三月にパリ大学ナンテール校の後任を託されたとき、その後に起こること〔五月革命〕は予測不可能でした。私は一九六八年五月、パリとフランス全土を焼き尽くすことになる運動のまさに中心地に入ったのでした〔一九六八年のいわゆる五月革命は、ナンテール校から始まった〕。こうして、私だけがこの事態を現場で診断することができました。

最後に、友人のジャック・モノー〔一九一〇〜七六。生物学者。オペロン説の提唱者〕（のちにノーベル医学賞を受賞）とジョン・ハント〔英国の軍人で登山家。エヴェレスト初登頂の登山隊隊長〕の思いがけない提案で、私はポリオワクチンの開発者であるジョナス・ソーク〔一九一四〜九五。米国の細菌学者。エイズ研究にも貢献〕が創設した分子生物学の研究所に招かれ、一年を過ごしました。私はカリフォルニア州ラホヤでとりわけ幸福な滞在（一九六九〜七〇）をし、のちに『方法』を書くヒントを与えてくれた著者たちの作品や思想に出会うことができました。カリフォルニアから帰国すると、ジャック・モノーはロワイヨモンの修道院[*1]で「人間の統一性」という国際シンポジウムを企画し、私をその共同主催者にしてくれました。そこで私が行った発表「失われた範列――人間の自然性」は、このタイトルで私が書くことになる本の出発点となったのです。[10]

あらゆる人生は不確実性という大海を航海すること

ニューヨークに招かれて小説における複雑性について一学期授業を行っていたとき、予期せぬ仕方で、私はこの仕事を放り出して、憑かれたように『方法』の「総序」の執筆に打ち込みました。その後、パリでは執筆を続けることができなかったので、気乗りしないままフィレンツェ近郊で行われた発展の神話に関するシンポジウムに出かけました。そこで救いの女神に迎えられたのです。彼女は私を蘇生させ、エネルギーを与え、トスカーナ地方の海辺に著作を執筆するための理想的な住処を見つけてくれました。私は、新しい救いの女神である女性とトスカーナ地方の隠れ

＊1　パリ北方の十三世紀建築の同名の修道院を拠点とした。

家に向けて旅立ったのですが、彼女とはパリを旅立つわずか三日前に偶然出会い、彼女への恋が私のかまどに火を燃やし、仕事をするためのエネルギーをくれたのです。海辺に立つ荒廃した城に閉じこもり、私は昼夜を問わず『方法』の初稿を執筆しました。その第一巻は運よく一九七七年に刊行されたのですが、ちょうどマルクス主義の危機と構造主義の退潮の時期にあたったおかげで、完全に黙殺される可能性もあったこの本は好評のうちに迎えられました。

いわゆる偶然、予測できないもの、不運のうちにある幸運や幸運のうちにある不運、幸福を引き起こす不幸、不幸を引き起こす幸福、そういったものが、私の人生に絶えずしるしを刻んできました。しかし、私の場合ほど頻繁でなくても、誰にとっても事情は同じではないでしょうか。人生というものは、どんな人間にとっても、その誕生以来、予測不可能なものです。愛情、健康、仕事、政治的選択、寿命、死が訪れる瞬間については、なんぴとも知ることはないのですから。

絶対に忘れてならないことは、私たちが機械と似ているとしても、自明な機械ではないということです。自明な機械とは人工的な機械、人が作り、指令を出すプログラムから行動がわかっている機械のことです。人間は必ずしも予測可能な形では行動しません。とりわけイノベーションと創造性の能力において、また、思いがけないものをもたらすことにおいてそうなのです。

　私たちはともすれば、確信と計画で武装しているつもりでいます。しかし、あらゆる人生は、ときに食糧物資を補給する確実性という島や群島が点在する不確実性の大洋を航海することだと学ばねばなりません。

　個人に関して真実であることは、歴史についてはさらに真実であり、歴史は経済原則や、野心、貪欲、並外れた強欲に隷従するのみならず、ほとんどシェイクスピア的と言える不条理（「白痴のしゃべる物語、たけり狂うわめき声ばかり、筋の通った意味などない」[11]）、偶発事や、過誤、偶然、神業や賽の一振り、騙し討ち、一時的錯乱などにも隷従しているのです。

　私が生きている間に起こったことで言えば、二つの思いがけない科学的な出来事があります。どちらも最初はメディアや公論や政治の領域では注目されませんでしたが、のちには人類の歴史を塗り替えることになりました。一つは、一九三二年ローマで起こったエンリコ・フェルミ［イタリアの物理学者］の原子核物理学における原子の性質の発見で、それを基にして十年後に、恐ろしい破壊力を持つ爆弾のために原子力エネルギー利用の事業が発展します。最初の十年間、フェルミの発見は純粋に科学上のもので、物理学者以外の関心は惹きませんでした。原爆のアイデアと計画が始まるには戦争を俟《ま》たねばなりませんでした。その後、平和が戻ると、経済的発展によって原子力発電所の建設と進展がもたらされました。それと並行して、冷戦が核兵器の拡散を引き起こし、それは今や人類全体にとっての脅威となっています。

もう一つの科学的事件はDNAの二重螺旋構造の発見です。ロザリンド・フランクリン[*1]がキングスカレッジで撮影した写真を見た、ケンブリッジのキャヴェンディッシュ研究所のフランシス・クリック[*2]と若きアメリカ人研究者ジェームズ・ワトソン[*3]がこの発見を完成させ、遺伝子コードの解読に成功し、あらゆる生命体の遺伝形質を解明しました。今日では遺伝子工学の発展によって、人類も含め全生命の遺伝形質の組み換えが可能となりました。

ここで注意したいことは、たとえ発展過程における未来のさまざまな可能性を予見できたとしても（蓋然性《がいぜん》の低いことが起こる可能性を常に考慮してのことですが）、創造的なものだけはけっして予見できないことです。釈迦（仏陀）、イエス、ムハンマド、ルター、ミケランジェロ、モンテーニュ、バッハ、ベートーヴェン、ゴッホの誕生は予見不可能です。一七六九年に、フランス領になったばかりの旧ジェノヴァ領のコルシカ島で生まれた背の低い男［ナポレオン］が一八〇四年にフランスの皇帝になると誰が想像できたでしょうか。

あらゆる生の不確実性

ここで、人生が教えてくれた最もたいせつな教訓の一つについて強調しておきたいと思います。それは、現在が永続するとか、生成が持続するとか、未来が予測可能だと信じることをやめるべきだということです。絶えず、断続的でありながら、予見しなかったものが突然現れ、ときに幸福な仕方で、ときには不幸な仕方で、個

＊1　一九二〇〜五八。英国の物理化学者。石炭、DNA、タバコモザイクウイルスの化学構造の解明に貢献。
＊2　一九一六〜二〇〇四。英国の分子生物学者。ノーベル生理学＝医学賞。
＊3　一九二八〜。米国の分子生物学者。ノーベル生理学＝医学賞。

人の生、市民としての生、国民の生、人類の生を一変させたり、変換したりします。

私は多くの予測しなかったものに出会いました。一九二九年の大恐慌は、世界に大きな被害を与え、ナチズムと戦争を引き起こしました。ヒトラーの権力掌握もそうですし、一九三四年二月六日の危機もそうです。暴徒化した一部の右翼勢力がフランス国会内に乱入したこの事件への反動として人民戦線[*1]が生まれました。スペイン内戦も予測できなかった出来事です。スペイン共和国は分裂し、次第に無政府主義者、トロツキスト、マルクス主義統一労働者党(ＰＯＵＭ)[*2]に対抗するソ連の工作員によって蝕まれていきました。一九三九年の独ソ不可侵条約もまったく予想外でした。フランスの潰走《かいそう》と一九四〇年のヴィシー政権の誕生もそうでした。一九四一年のモスクワの抵抗、それとほぼ同時に起こった真珠湾を奇襲攻撃された米国の参戦もそうです。

アルジェリア戦争も予見できませんでした。フルシチョフ[*3]のスターリン批判、そのフルシチョフの解任もそうでした。ソルジェニーツィン〔ソ連のノーベル文学賞作家。『収容所群島』〕も、生態系の全般的な崩壊を診断し、環境破壊の危険性を告発したデニス・メドウズ[*4]の報告〔『成長の限界』〕もそうでした。ソ連崩壊やユーゴスラヴィア戦争も同じです。公共サービスを削減し、金持ちをさらに金持ちにし、貧しい者をさらに貧しくする新自由主義への道を開いて利潤の世界的な覇権を引き起こしたサッチャー＝レーガン・ドクトリンもそうでした。鄧小平政権の中国で起こった共産主義と資本主義の融合も、中国がこれほど早く世界の列強となることも予想外でした。ニューヨークのワールド・トレード・センターのツインタワーの崩壊も予想外ならば、世界中でイスラムのジハード主義が殺人を引き起こすことも予想外でした。中東でのイラク戦争の結果も、民主主義の世界的危機もそうでした。そして、最後に、新型コロナウイルスによるパンデミックとそれが引き起こした世界規模での経済危

＊1 一九三〇年代、ファシズムの台頭に抗して組織された統一戦線運動。フランスでは三六年の議会選挙で圧勝し、社会党が第一党となりレオン・ブルムを首相とする人民戦線内閣が生まれた。
＊2 一九三五年、労働者・農民グループと共産主義左派が合併してできたスペインの政党。内戦勃発後は共産党と対立し、三七年五月バルセロナで反共和主義政権蜂起に参加して失敗、指導者は逮捕された。
＊3 一八九四〜一九七一。ソ連の政治家。党第一書記、首相などを歴任。一九五六年二月の第二十回党大会でスターリンを批判した。六四年十月に主観主義と主意主義の誤りを犯したとして批判され失脚。
＊4 一九四二〜。米国の経営学者。専門はシステム政策学。一九七二年、ローマクラブへの報告「成長の限界」で、ゼロ成長論を提案。

機はまったく予想外であり、それ以来、現在、そして近い未来、遠い未来に向けて、この恒常的な不確実性のうちで私たちは生きているのです。

不確実性と意外性は人類の歴史のなかに統合されねばなりません。予見できないものは偶然だけではありません。それはまた、マルクスにとっての革命のように、「突然、出現するために、地面の下でしっかり働く年老いたモグラ」[12]でもあるのです。思いがけないもののサプライズに麻酔をかけてはなりません。むしろ、それを理解し、思考するために、予見はできなくとも、少なくとも想定するために、それが私たちに刺激を与える必要があるのです。

あらゆる生は不確実であり、絶えず予測しなかったことに出会います。不運は幸運になることがありますし、幸運が不運になることもあります。逆境が恩恵をもたらすこともあります。不幸が幸福を呼び起こすこともあるのです。

人間的なもののすべてから偶然の要素を排除することは不可能であり、我々の運命は不確実であり、思いがけないものを想定する必要がある、これが、私が人生の経験から学んだ主要な教えです。

第三章

共に生きること

あなたの日々を生に与えるのではなく
あなたの日々に生を与えるようになさい

リータ・レーヴィ＝モンタルチーニ[*1]
ノーベル生理学＝医学賞

生きるという言葉は、二つの意味を持っています。第一は、生きていること、生活すること、私たちの生理組織によって担われているもので、それは、死にいたる肉体の変質に抵抗し生命を維持することです。呼吸し、食物を摂取し、身を守ることなどがそれにあたります。この意味では、生きるとは、生命を維持すること、つ

＊1　一九〇九〜二〇一二。イタリアの神経学者。神経成長因子などを発見。

まりは生存に他なりません。生きるという言葉の第二の意味は、自らの生を幸運やリスクや楽しさや苦しみの可能性、幸福や不幸によって導くことです。生存は生に必要ですが、生存のみに限定された生はもはや生とは言えないでしょう。

こういったことを、私は十二歳のとき、［ブレヒトとヴァイルによる音楽劇］『三文オペラ』の乞食たちの悲惨な生活を見て、最初に発見しました。のちになって、より一般的に、人間の悲惨さが広大で数知れないことをいたるところで見ました。貧窮のうちで必需品だけのなかで、抑圧され辱めを受けて生き延びることは、生きること以下（sous-vivre）であり、生き延びること、生存（survivre）以上に悲惨です。

このことこそ、人間の最も深く、最も普遍的に広まっている悲劇の一つでしょう。なんと多くの人生が、生き延びることのみに費やされ、またそうせざるを得なかったことでしょうか。この点こそヒューマニスティックな政治の本質的な課題の一つです。生き延びるだけでなく、生きることの可能性を人びとに与える条件を創造すべきなのです。

生きるとは、生が与えてくれるたくさんの可能性を享受することです。――このことを私は少しずつ学びました。

わたし　あなた　わたしたち

思春期から、自分の思いを実現したいという強い欲求がありましたが、それと同時に、愛情や友情の共同体で生きることも強く欲していました。この欲望を満足させることはしばしば難しく、断念せざるをえないのですが、それでも万人に普遍的に備わっていることがわかりました。とりわけ私たちの文明においては、最初の望みは個人的であるために、個人主義的でエゴイスティックになり、何よりも自我が前面に出ます。とはいえ、共同体的な高揚感のうちで、「わたし」という自我が「わたしたち」のうちに消え去ることもあります。こうして、自己犠牲と自己贈与が起こり、崇高な喜びを与えることもあります。しかし、それが知的自律の喪失を引き起こすこともあります。例えば、全能の導師《グルー》に率いられたカルト集団の儀式での集団的なパニックや狂気の場合がそうです。

じっさい、個人の自己実現は、共同体や他者と結びついているとはいえ、内的で潜在的な矛盾対立があり、難しい問題を引き起こしかねません。それでも、これが根本的な人間的な望みです。

「わたし」は「あなた」を必要とします。つまり、他者の人間的な十全性の相互的な承認をうちに含んだ関係を必要としています。「わたし」はまた「わたしたち」も必要としています。こういった深い情愛的な欲求に、私は一九四〇年六月、応えることができました。私の個人的な解放と国全体の危機が一致したからです。

こうして、私はトゥールーズで自分自身となり、避難学生たちの兄弟関係のなかに入り、避難学生協会で、初めて責任ある役目を果たしたのでした。レジスタンス活動は成人になった証でした。私は二十二歳で責任ある大人になりました。それは、私を同志たちと結びつけていた友愛や、伴侶のヴィオレットと生きていた恋愛と分かち難く結びついていました。

わが人生のいくつかの大いなる時期

このような大いなる時期は、私の人生の最良の時期であると同時に、仲間や恋人との結びつきとも重なっていました。一九四五年から四七年、サン＝ブノワ街［パリのサン＝ジェルマン＝デ＝プレ地区の通り〕で共同生活を経験しました。それはヴィオレットと私がドイツから帰国し、マルグリット・デュラスのところに迎えられたときに始まりました。そこには、体力も回復しつつあった彼女の夫ロベール・アンテルムも住んでいました。二人の間にはもはや肉体関係はありませんでしたが、夫の強制収容所行きと奇跡的な帰還によって絆は強まり、彼女は夫のことを愛していました。一方、彼女の恋人ディオニス・マスコロ[*1]はロベールの親友となっていて、昼食や夕食にはいつもいて、夜もデュラスの家にしばしば留まりました。私は三人が好きだっただけでなく、この愛しあう三人組が好きでした。そして、私たちも彼らと離れ難く結びついていました。

午後五時頃になると、ロベールと私はディオニスが翻訳部門の責任者を務めていたガリマール出版社に出かけました。立派でいかつい階段を上って仕事場で合流した後、三人で隣のカフェ「エスペランス〔希望〕」へと降りて行き、とめどなく議論

＊1　一九一六〜九七。作家。アルジェリア戦争に関し不服従の権利を主張した「一二一人宣言」起草の中心人物。『共産主義』。

しました。あらゆることについて話し、好きな作家や詩人やミュージシャンを教えあったりしました。夜になると、「プチ・サン゠ブノワ」や「フロール」といったカフェや、ボリス・ヴィアン［作家、ミュージシャン］がトランペットを吹いていた「タブー」や、ジャック兄弟［歌とパントマイムで知られる男性四人組］、ジュリエット・グレコ［シャンソン歌手］の歌、「小さな敷石」や「私の恋」を歌い上げる吟遊詩人ジャック・ドゥエを聴きにヴュー・コロンビエ座に行きました。

マルグリット・デュラスは、女主人でもあれば料理人でもあって、昼はフレンチ・ベトナミアン料理を作り、夜はパーティー・ディナーで、レーモン・クノー［作家］夫妻、メルロ゠ポンティ夫妻、ルネ・クレマン［映画監督］夫妻、ジョルジュ・バタイユ［作家、思想家］らを集めてもてなしました。私たちは歌い、踊りました。午後は、友人や知人が自由に集まって議論し、そこの常連たちは後に「サン゠ブノワ街グループ」と呼ばれることになりました。

しかし、この恩寵の状態は、マルグリットとヴィオレットがそろって妊娠したときに終わりを告げました。私たちはサン゠ブノワ街を去らねばならず、パリ郊外のヴァンヴ［パリ南郊、オー・ド・セーヌ県］の見本市会場の裏手にあったアパルトマンを借りました。友愛の絆は続きましたが、共同体は終わったのです。その後は、物理的な距離だけでなく、揉めごともあったりして、三人組は解消され、私と彼らとの関係にも影響を与えました。それでも、最初に出会った頃、私にとって眩しい存在であり、最後まで親しみを感じたディオニスとは晩年に再会できました。同様に、マルグリットとロベールの思い出も私はたいせつに守っています。三人とも私のうちにとどまり、よく思い出すだけでなく、夢にも出てきます。

私はカリフォルニアのラホヤでも幸福な共同生活を経験しました。[*1] それは一九六九年から七〇年のことで、ソーク生物学研究所が私のために太平洋を望む海辺の大きな邸宅をあてがってくれました。ジョアンヌと私は、娘二人、私の父、コリーヌ叔母さん、そして、ケベックの先住民アベナキ族の出身でほとんど妹のようだったアラニスと一緒に暮らしました。

その頃、熱い交流を持ったのは、ジョンとシャンタルのハント夫妻、ジャック・モノー、ジョナス・ソーク、フランソワーズ・ジロー[*2]などで、それが友人のサーク

＊1『カリフォルニア日記――ひとつの文化革命』林瑞枝訳、法政大学出版局、一九七五年参照。

ルを作っており、マリファナ煙草が手から手へ、口から口へと回しのみされました。

私たちはパーティーや夕食やスペクタクルでたえず一緒でしたが、とりわけ忘れ難いのは、ジャニス・ジョプリン［女性ロック・シンガー］のコンサート、夥《おびただ》しい数の聴衆がロックグループの周りを埋め尽くした野外コンサートです。大音響のなかで、私たちは集団的な高揚感とオーバードーズの失神を経験しました。

私は若者共同体のヒッピーの世界にも喜んで飛び込みました。彼らは、ラヴ&ピースという言葉が悪魔祓いのように世界のあらゆる悪を退散させ、「水瓶座の時代」に入ることで新時代《ニューエイジ》に移行すると信じていました。

サンフランシスコ北郊の町ラークスパーでは、トゥールーズで私の姉妹だったエレーヌに再会しました。彼女の家は誰にでも開かれていて、誰もが歓迎されました。そこでは時間感覚は消され、時計は禁止され、活動は太陽に従って進行しました。

それは一つの文明が生まれ、また死につつあった時代で、カリフォルニア大学バークレー校では渇望と反逆の種が蒔かれていました。この種がのちに世界中で一九六八年の学生たちの反乱を引き起こします。私自身も、この無邪気な理想社会到来説を生きていましたが、希望がけっして実現しないことを知っていたから余計に熱狂的にそれを生きたのでした。[13]

午前中は、ソーク研究所の自分の研究室に行き、生物学者たちによる報告書や資料を読むのが日課で、こうして、のちに複雑性に関する私の新しい理論の形成に寄与することになる著者たちを発見しました。ウィリアム・ロス・アシュビー〔英国の医学者〕、ノーバート・ウィナー〔一八九四～一九六四。米国の数学者、サイバネティクスの創始者〕、グレゴリー・ベイトソン[*1]、そしてとりわけハインツ・フォン・フェルスター〔米国の情報理論学者〕です。私は研究室から出ると、太平洋のビッグウェーヴの様子を眺めてから、ジョアンヌの作った昼食を食べ、午後は近くの砂漠に密かに散策に出かけたりしました。

ソーク研究所での滞在が終わり、日本・アジア経由でヨーロッパに戻りましたが、たいせつな友情は保たれ、その後も人生の波乱に耐え、何人かとは生涯の友人とな

＊2（67頁）一九二一～。フランスの画家、作家。ピカソの愛人、二人の子どもをもうけた。ピカソと別れたあと、ソークと結婚。

＊1 一九〇四～八〇。米国の人類学者、心理者、言語学者、サイバネティシスト。ダブルバインドの概念を提唱。精神・自然・社会を結ぶパターンの探究を行った。『精神の生態学』。

りました。

もう一つ、とても熱く調和の取れた共同生活の思い出について語らせてください。トスカーナ地方、フィエゾーレからほど近いカルディーネという場所、葡萄畑とオリーブ林のなかにあるハビエル・ブエノ〔一九一五〜七九。スペイン出身の画家〕の家のことです。彼の息子ラファエレと妻エヴァも一緒でした。犬、猫、ガチョウ、カラスが、仲睦まじく同じ餌場で食事する長閑《のどか》な場所でした。

エドヴィッジと私はそこがすっかり気に入ったので、一九七九年の夏から定住することにしました。ところが、ハビエルがその夏に亡くなってしまったのです。私たちは、亡き友人の思い出によってより緊密になった共同体で一つの季節を過ごしました。

その他には、ハマメット〔チュニジア北部の都市〕やアルジェンタリオ〔イタリア、トスカーナ地方の港町〕で、ミシェルとジャン・ダニエル〔ジャーナリスト、『ル・ヌーヴェル・オプセルヴァトゥール』誌編集主幹〕夫妻、ドゥーヌとジャン・セレザ夫妻、エヴリーヌとアンドレ・ビュルギエール〔歴史家〕夫妻らとの交流もありました。

大いなる幸福というものは一時しか続かないものです。

こういったことを思い出すとき、私の心は郷愁でいっぱいになるだけでなく、甘く悲しい喜びでも満たされます。

詩的な状態と幸福

これら幸福の時期はどれも詩的な次元を含んでいます。

共同体のうちにありながら個人的な自己実現をしたいという渇望が人間の第一の大きな渇望であるとすれば、第二の渇望は、詩的な生活を送りたいというものです。

私は、自分のうちに人生の大いなる真実の一つを示す言葉を発見しました。それが詩情《ポエジー》です。ここで言うのは詩作品《ポエム》のポエジーだけでなく、シュルレアリスムが実践し表明したように「人生のポエジー」でもあります。人生が持つ詩的性質《クオリティ》について自覚したのは、ユーゴスラヴィアのストルガで開催される「詩の夕べ」というフェスティヴァルに参加したときでした。そこで行った講演はのちに『愛、詩、知恵』[14]となって結晶しました。

しかし、なぜ詩であって、幸福ではないのでしょうか。二つの言葉は相互に関連します。詩的状態は幸福の感情を与えるし、幸福はそれ自身のうちに詩的性質を持っています。そして、私にとって詩的状態は幸福の下にあるもの、束の間の幸福であれ、継続する幸福であれ、あらゆる幸福の核にあるのです。

私が詩的状態と呼ぶものは、私たちが美しいとか愛すべきと見えるものの前で感じるエモーションですが、それは芸術を前にしたときだけでなく、世界や、人生の経験や出会いのうちでも覚えるものです。詩的なエモーションは私たちを開き、広げ、うっとりさせます。それは甘美で神がかり的な陶然とした状態であり、微笑みを交わすことや、誰かの顔や風景を見つめるときに起こり、笑いのなかではとても活き活きと、幸福の最中にあってはとてもゆったりと、祝祭においては広大で、共同体の交流、ダンス、音楽、そして相思相愛の状態ではとりわけ情熱的で陶酔的で高揚したものです。詩的エモーションは、至高の高揚感においてはエクスタシーに至ることもあり、それでいて自分を失う感覚が、恍惚や崇高な交流のうちにある気がします。

詩的状態は、赤ん坊の微笑みや、子どもたちの笑い声や遊びとともに始まるのでしょうか。ともあれ、性格や気質によって現れ方はまちまちです。不幸、生存のための努力、苦痛に満ち興味の持てない労働、稼がなければならないという強迫観念、計算や抽象的な合理性の冷徹さ、そういったものはみな、日常生活における散文の支配に寄与します（散文という言葉の持つ凡庸さ、興味の欠如、退屈などとともに）。しかし、そういった瞬間でさえも、ちょっとした詩的なことがたいていの人生には訪れるものです。

散文と不幸を同一視しているのではありません。散文のうちにあるのは喜びの欠如であり、不幸のうちにあるのは苦痛の現前です。不幸を被る人びと、収監された人びと、排除された人びと、悲惨な境遇の人びとは散文の刑を受けています。もちろん、彼らだって束の間の詩の瞬間を知ることはあります。

近年、我々の文明に特有な散文的世界が至るところに侵入していることに気づかざるをえません。思春期から戦後すぐの時代まで経験した人間らしい交流が消えていくのを目のあたりにします。隣人同士の親しい付き合い、ビストロのカウンターや地下鉄の車内で自然に起こる会話、野次馬が集まる。こういったことは稀になりました。門番《コンシエルジュ》のいる建物が少なくなり、地下鉄の人間による改札がなくなり、駅長やバスの車掌が消え、同じマンションの住民同士の挨拶が稀になり、匿名性が増し、忙しくなり、車を運転する者のイライラが募る。こうして、住んでいる街も人生も散文的になってしまいました。それで、私とサバーはパリを去り、南フランスの街に引っ越すことにしたのです。引っ越した街の中心地区は歩行者専用で、失われていた人間的な付き合いの世界が再び見つかりました。

生活の質の低下は、我々の社会の組織や行動において量的なものを優先したことの結果です。つまり生きることにおいて質より量を優先することが選ばれたのです。計算とは人間的なもののいっさいを計算可能な事物として扱います。個人的で、主観的で、情熱にかかわるものはことごとく無視され、国民総生産、統計、アンケート調査、経済発展だけが考慮されるのです。

人生の質にとって重要な要素は、人間的な付き合い、イヴァン・イリッチが自《コン》立《ヴ》共《イヴ》生《イアリテイ》*1と呼んだものであり、それこそが人生を詩的にします。また、日常生活で私たちの誰もが持つ承認欲求に応えるものであり、知らない人とでも会ったときに交わされる挨拶のうちに最初の満足が見出されるのです。

幼かった頃、母が抱きしめてくれたときや遊びのときに、私は詩的瞬間を経験しました。長じて、本を読みはじめて、週刊漫画雑誌『レパタン』[*2]の十三歳の兵士や「ピエ・ニクレ」の冒険や、セギュール伯爵夫人〔十九世紀フランスの童話作家〕の小説を読んだとき、馬や女性のお尻や、胸に保温性の布をつけ口から火を吐きながら歩く、防寒生地の広告の人物に対してエロチックな魅力を感じたときもそうでした。

これらについて語るのは、詩が生から始まることを言いたいからです。詩は、我々が「生きる喜び」と呼ぶものが出現するや開花します。赤ん坊に微笑や笑いを引き起こすもの、犬を走らせるもの、猫に伸びをさせるもの、哺乳類の幼獣に噛み付いたり、闘いごっこといった遊びをさせるもの、私たち人間が子どもの頃、思春期、いや大人になってさえも喜んでするさまざまなことです。楽しみのためだけに競い合うのはなんという楽しみでしょうか。

＊1 オーストリアの思想家イリッチ（一九二六〜二〇〇二）は他者や自然と自然な形で共生する関係 conviviality という概念を提唱した。
＊2 一九〇八年に創刊されたユーモア漫画の雑誌で一九三九年に終刊。『ピエ・ニクレ』は怠け者の三兄弟を主人公にしたルイ・フォルトンによるシリーズ漫画で、創刊から連載。

私の詩的体験

詩的な経験には、自然が繰り広げる光景を前にして感じる感嘆もあります。多くの人がそれを感じますが、万人というわけではありません。私が思い出すのは、スイスに亡命していたレーニンの側近が残した証言です。レーニンは山登りをして山頂に到達し、みごとな景観を前にしたとき、焦立った調子で、「ああ、あの社会民主主義者の奴らめ」と叫んだそうです。

私がよく暗唱する詩のポエジーや、夢想に耽るときに頭に浮かぶ小説や映画のポエジーがあります。トルストイやドストエフスキーのものなどです。

私はルーブル美術館でドガの彫刻《十四歳の小さな踊り子》の前でほとんどエクスタシーを覚えました。これは思い出を語った著作のなかで語ったとおりです[15]。音楽を聴いたときにも強烈なエクスタシー経験があります。ベートーヴェンの「交響曲第九番」の第一楽章をサル・ガヴォー〔パリ八区のコンサート・ホール〕で十三歳か十四歳のとき最初に聴いたときは至高なエクスタシーを感じました。私は今でもこの楽章が始まるとすぐさま神がかりの状態に陥ります。

ひとは詩的な生活の瞬間を熱烈に望むわけですが、それはこちらの呼びかけや予想とは没交渉に、勝手に訪れます。大いなる幸福のポエジーを見出すにはそれを望むだけでは十分ではありません。運《チャンス》をもたらす出来事や状況の巡り合わせが必要です。それは占星術における星の幸運な巡り合わせに似ています。調和と静謐《せいひつ》と強度が名状し難い仕方で混じり合うのです。

そう。こういった幸福は可能ですが、どちらかといえば稀にしか起こりません。それでも私たちの人生に本質的なものです。

ところが、それが今や消えつつあります。絆が弱まり、断ち切られてしまったのです。

サン＝ブノワ街からフィレンツェ近郊のカルディーネまで、いたるところに素晴らしい共同生活があったのですが、断ち難いと思われたこれらの絆が断たれるのを目にしました。永遠に変わらないと思われた愛が、無関心どころか、ときには敵意となることもです。愛し合っている者たちが、抗い難い力で離散し、別れることを見たり経験したりしました。――人生の最後の別離に先立つ別離です。

最高のポエジーは愛のポエジーです。それは、顔の表情やまなざしや微笑みによって花開きます。交わされたまなざしによって存在全体が電気ショックを受けたようにしてとつぜん現れることもあります。それは愛する存在から発出します。相手がポエジーを吹き込まなくなったとき、愛は終わります。ポエジーは性交の痙攣的なエクスタシーで最高潮に達します。そして、真の愛があるときは、性交の後に感じるのは淋しさではなく、優しさです。私の愛した女性たちは、結婚していたかどうかにかかわらず、誰もが私にそれぞれのポエジーをもたらしましたし、愛のポエジーが絶えず私の人生に糧を与えてくれました。

しかし、暗黒のエクスタシーも存在します。エロスの深淵の狂気のエクスタシーに私は二度陥りました。そのときには、錯乱が甘美になり、猥褻が聖なるものになったのでした。

ささやかな幸福

不意に訪れる幸福なポエジーの儚い瞬間についても語っておきたいと思います。些細なことが幸福感のきっかけとなることがあります。例えば、歩いていて、自分の体が小気味よく動く機械のような歓びを伝えるときがそうです。ポエジーは、冬の日の日差しの下や、春の日の美しい雨の下を歩いているときなどはさらに強烈になります。また、通りのバス停で手紙を読んでいる若い娘の口元に浮かぶ素晴らしい微笑みや輝かしい顔を眺めたときに、詩的な歓びの瞬間を感じます。私がポエジーを感じるのは、しばしば通りだったり、市場だったり、レストラン、そしてとりわけ、地下鉄で、女性や若者や大人や老人の顔を眺めるともなく目を向けていると、計り知れない神秘のうちにそれを感じるのです。[16]

こういった小さな詩的幸福は数多くあります。シェルメット［ローヌ県のワイン生産者］のボージョレ・ヌーヴォーを味わうとき、応援するチームが得点を決めてスタジアムで叫ぶとき、私の家のバルコニーにやってくるカモメにパン切れを与えて、鳥がそれを素早く啄んでいくとき、冗談を読んだり聞いたりするとき、お手製のナスのグラタンを準備するときなど。

歴史のエクスタシー

今度は、歓喜とも言える強烈に詩的な感情を与えてくれたいくつかの歴史的な瞬間の話をさせてください。思春期のことですが、私は一九三六年六月のゼネスト*1を経験しました。それは兄弟愛と希望の大きな波でした。兄弟愛的な関係は本物でしたが、希望の方は幻想でした。

ここでとりわけ話したいのは、私が歴史のエクスタシーと呼んだ、特別でごく稀な儚い瞬間のことです。それは解放、自由、兄弟愛の瞬間で、私だけでなく、他の多くの人にとってもそうだった、一週間の激しい蜂起の後に起こったパリ解放のことです。一九四四年八月二十四日の夜、パリ中の教会の鐘が鳴りはじめ、ドイツ軍関係の部局が入った建物は炎に包まれました。私はMNPGD（戦争捕虜・強制収容者移送者国民運動）の仲間たちと、蜂起が始まってから私たちが占領したクリシー広場の「捕虜の家」を見下ろすテラスに陣取っていました。噂が私たちのところまで伝わってきました。ルクレール将軍率いる戦車隊がパリ市庁舎に到着したというのです。私たちはすぐさま市庁舎に向かいました。夜明け頃、そこに着くとルクレール師団の第九中隊の戦車団がいて、傍には疲れ切ってはいたが幸せそうな兵隊たちがいました。私たちは喜びの涙を流して彼らに感謝しました。

その後、八月二十六日には、［凱旋門のある］エトワール広場から市庁舎までド・ゴール将軍の率いる軍隊が大パレードを行いました。そして、全国抵抗評議会（CNR）のメンバー、その後にはフランス国内軍（FFI）が徒歩や自動車で続き、さらに夥しい数の群衆がいました。私もそこにいました。オープンカーに起立して三色旗を掲げていたのです。車を運転していたのはジョルジュ・ボーシャン［一九一七～二〇〇四。フランスの政治家］で、ヴィオレット、マルグリット、ディオニスも一緒でした。群衆の歓喜はシャンゼリゼ大通りがルーズヴェルト通りと交わる所に着く前

＊1　五月二十六日にル・アーヴルで始まり、フランス全土で百万人以上を動員した。労働者の勝利によって終わり、初の有給休暇二週間、週四十時間労働、団体交渉権などを勝ちとった。

に行進に向けて発射された銃撃によってとつぜん中断され、部分的には崩れ去りました。それでも、私たちの車はなおも旗を風にはためかせながら、屋根から発せられる弾丸の下を、オスマン通りのデパートの庇の下に集まるパリ市民たちの拍手を受けながら突き進みました。

私は一九七四年四月リスボンの歴史的出来事の現場にもいました。サラザール独裁政権が崩壊する数日前、カーネーション革命の最初の幸福の絶頂感の瞬間に親しい人たちと立ち会ったのです。その後、内紛があり、革命は危うく人民民主主義になりかけました。

一九八九年十一月九日のベルリンの壁崩壊という自由の陶酔を経験したのは、テレビを通して間接的でした。何万人もの東ドイツの人びとが検問所を越え、西ドイツの人びとも兄弟愛によって続きました。私はロストロポーヴィチ［アゼルバイジャン出身のチェリスト、指揮者］が平和が戻った壁の下でバッハの無伴奏チェロ組曲を弾く崇高な瞬間に深く心を揺さぶられました。一九八九年から九一年、私はモスクワに何度か出かけましたが、それはペレストロイカ［一九八〇年代後半からソ連のゴルバチョフ政権が進めた政治体制の改革］とグラスノスチ（情報公開）の時代で、しばらくの間は自由が息づくのを感じました。それは再び失墜してしまったのですが。

私はサッカーやラグビーの試合での集団的エモーションも好きです。ボールがゴールネットを揺らすときのほとんど性交にも似た瞬間が好きなのです。ゴールを決めた選手とチームメイトの間に熱狂的なトランス状態を引き起こし、それと同時に、私もその一員であるサポーターたちの狂ったような喜びを引き起こす。もう何十年もテレビでしか試合を見ていませんが、ラグビーの六ヶ国トーナメントや、サッカーワールドカップではテレビに釘付けになります。そしてフランスが優勝した二回の大会では集団的なエクスタシーを経験しました。その数時間のあいだは誰もが兄弟でした。

しかし、詩的状態にはその神秘的性格が神話的なだけでなく、不吉になるものもあり、危険もあります。

そういったわけで、交流のポエジーが暗く、悪をもたらす場合もあります。例えば、総統と国家への愛がアーリア人種の偽の優越性に対する愚かな誇りと分かち難く結びついていたニュールンベルクのナチスの大集会の場合がそうです。他人を拷問にかけ、辱めるサディスティックな歓びのうちには黒いポエジーがあります。

ポエジーの状態が他者を排除し、エゴイスティックな享楽に閉じこもるとき、そしてとりわけ憎しみと軽蔑が伴うとき、それは退化します。つまり、真に詩的な状態、晴れやかなものは、けっして閉じたものではありえません。それは自らのポエジーを開放性によって、他者への、世界への、生への、人類への開放性によって養うのです。

承認欲求

物質的欲求〈衣食住、収入と安定を得ること〉で満足することを超えた何かがあることに気づいたのがいつだったかは覚えていません。人間というものは、本質的な欲求を覚えるものです。この普遍的な欲求を個人的に感じただけでなく、他者との関係でも確認しました。それは承認の欲求あるいは欲望です。ヘーゲルが〈主人と奴隷の弁証法〉によってこの欲望を最初に捉えたわけですが、彼はそれをより一般的に、「自己意識は、他の自己意識のうちでしか満足に至ることがない」という考えで示しました。

　階級や民族や階層に由来する軽蔑、無関心、傲慢といったものは文明における災厄であり、屈辱を強い、それを受ける者たちに、人間としての完全な資格において承認されることを妨げます。屈従した者や搾取される者は、人間以下であったり事物と同じように扱われたりしているためにより強く承認欲求を感じます。アクセル・ホネット〔ドイツの哲学者〕は、ヘーゲルから出発して『承認をめぐる闘争』[17]という観点から人間の相剋を解釈しています。

　この観点からすれば、黄色いベスト運動[*1]などの民衆の抗議、怒り、反逆などは、その参加者のうちに、人間として全体的な質のうちで承認されたいという欲求、つまり、尊厳と呼ばれるものを認められることをただ望んでいる、いや、切に望んでいるのです。

＊1　二〇一八年に燃料価格の高騰をきっかけに起こったフランス政府への抗議運動。安全用の黄色い反射チョッキを着て抗議するためにこの名前がある。

この承認欲求は、愛や友情において特別な形で現れます。愛されるとは、愛すべき存在と見なされることです。賞賛されるとは、善良で美しい人物と認められることです。尊敬されるとは、他人からの承認が核となる自信［自己評価］を満足させることです。

見知らぬ人や隣人に挨拶をするという昔からの風習は、承認の基本的なしるしです。「あなたは存在しているし、私はあなたを人間と認めている」というわけです。このような挨拶が消えゆくことは、我々が持つ他者を承認する能力の退化だと言えるでしょう。

統計の対象としてのみ扱われる人は人間として認められていません。さらに言えば、人間の人間らしさを数字のうちに解消してしまう技術官僚《テクノクラート》と経済官僚による量的なものの重視によって、承認の人間学的な必要性はさらに強くなっています。

〈共に生きること〉は、「真の生」への渇望と、〈わたし〉と〈わたしたち〉の間の恒常的な関係における個人的な渇望を実現する欲求と、生の詩的性質《クオリティ》、承認の欲望の満足を結びつけます。〈共に生きること〉のための絶対的な処方箋はありません。それは幸福の処方箋がないのと同じです。それでも、ときにモデルはあります。〈共に生きること〉の渇望は多少なりとも私たちそれぞれのうちで意識されているのです。

〈共に生きること〉を絶えず培うこと以外に、私たちの人生にどんな使い道があるでしょうか。

第四章

人間の複雑さ

教養はおろか、宗教、政治、倫理に関するいかなる考えも私は父から受け継ぎませんでした。

つまり、独力で、一九三〇年から四〇年の危機、嵐、喧騒、混沌、錯乱の時代(それは私の思春期の危機、嵐、喧騒、混沌、錯乱の時代でもありました)に、人生、世界、社会、出来事に関する私の好奇心への答えを探し求めたのです。私はあらゆるものについて問いを立てましたが、次第に政治と社会が中心になりました。あの時代の驚くべき、警鐘を鳴らす、恐るべきさまざまな出来事に刺激されたのです。十年間、私は歴史的な大変転を生きました。我々が生きた歴史の波乱に満ちた流れをどのように解釈すればよいのでしょうか。どう行動すればよいのでしょうか。どう反応すればよいのでしょうか。

人間の条件

私は、その頃はまだ知らなかったカントが立てた根本的な問い、すなわち、何を知りうるか、何をなすべきか、何を希望することが許されるか[18]に突き動かされていました。

これらの問いは、戦争勃発前の脅威となる出来事によって絶えず刺激され、強まりました。

私が〈歴史〉と人間的条件について問いを立てるようになったのは、合理性をまったく欠くと思われる出来事の圧力のためだけでなく、人民戦線の学生集会で出会った友人ジョルジュ・デルボワの影響、さらには、彼の先生でマルクス主義哲学者のルネ・モブラン〔一八九一〜一九六〇。フランスの哲学者。『沙漠の息子』〕の強い影響によってでした。デルボワは、マルクスの思想のように、哲学、科学、社会学、経済学、歴史、政治の上に同時に打ち立てられた思想だけが、学問領域に細分化されタコツボ化した知を結集し、人間が抱える諸問題にふさわしい認識へと導いてくれると私に説きました。

私が大学に入学した年に第二次世界大戦が始まりました。戦争は私の政治的希望を打ち砕きましたが、その一方で、勉強に打ち込む気にさせました。キャリアのための勉強ではなく、人間の現実を知るための勉強です。あらゆる信仰や希望に先立って、カントが明確に述べたように、人間とは何かを知る必要があると考えていました。こうして、この時代に、自分の一生の方向性と仕事を決めたわけです。人間の現実に関する知識は分断され、別々の学問領域に閉じ込められていたので、私は哲学科（社会学と心理学の授業が含まれていました）と歴史・地理学科で学ぶために文学部に登録するとともに、経済学を学ぶために法学部、さらには政治学院にも登録しました。一九四〇年六月にトゥールーズに移り住んだために政治学院は辞めざるをえませんでした。いずれにせよ、無意識のうちに複雑な人間学の研究を始めていたと言えます。マルクスの思想、とりわけ『経済学・哲学草稿』が導きとなりました。このテクストでマルクスは自然科学と人文科学は融合する必要があると説いていたからです。

当時の私は、人間社会の下部構造は物質的・経済的なものであり、観念、神話や信仰はそれに従属する上部構造だと確信していました。

神話の力

八年後、スターリニズムと主観的に断絶する危機にあった私は、『人間と死』を書きました。神話、宗教、イデオロギーが人間と社会の現実を作っていること、それらが経済のプロセスや階級闘争と同じくらい重要であることを発見した私は、経済という下部構造から人間の歴史を合理的に説明するマルクス主義思想を放棄しました。死後の生（魂の不死、再生、復活、天国……）に関する信仰が、きわめて多様でありながら普遍的な性格を持つことがわかり、想像的なものが人間の現実を構築する部分であると思ったからです。

死は人間に課せられた条件ですが、死とは何かを問うと、二つの逆説が見えてきました。第一の逆説は、ネアンデルタール人の時代から、人間の意識が、死という現実、つまり、心臓と精神の活動の喪失、死後硬直、身体の不可逆的な分解などを完全に認識していながら、すでにその頃から経験によってもたらされる死に関する認識は、信仰によって乗り越えられていたということです。人は亡霊や幽霊として生き延びるとか、別の人間や動物に転生すると信じられてきたのです。その後、ローマ帝国やアラビア半島では、キリスト教とイスラムという救済を信じる二大宗教が、復活を約束することになります。

第二の逆説は、あらゆる文明において死の恐怖が人間の意識に深く根を下ろしているにしても、我が子、家族、祖国、宗教のために、自分を死の危険に晒したり、さらには自分の生命を犠牲にして、その恐怖を制御することもあったということです。

ホモ・サピエンス・デメンス［理性的で賢明な、錯乱し狂気に駆られた、ヒト］

さまざまな知的経験と人生経験を積んだのち、私は『失われた範列——人間本性』で人間学に真正面から取り組みました。第二次世界大戦前、戦中、冷戦期に私が見聞きした個人と集団の、政治、社会、戦争におけるあらゆる狂気によって私は、ホモ・デメンスとホモ・サピエンスというものが対立しながらも分かち難く結びついていると考えるようになりました。
この対立項の結びつきを可能にしたのは、パスカルが見事に定式化し、私にとって不変の源泉となった考え方、つまり人間の諸々の矛盾を意識することでした。思考は矛盾を排除するのではなく、それに立ち向かうべきだという意識を、私はヘーゲルのうちにだけでなく、より根本的な形でヘラクレイトス〔古代ギリシャの哲学者〕のうちに見出しました。彼は「一致と不一致は万物の父と母である」とか「対立は有用であり、闘争状態から最も素晴らしい調和が生まれる」と述べています。

人間の複雑さはいくつかの二極によって表現されます。
●ホモ・サピエンス（理性的で賢い）は、ホモ・デメンス（狂っており錯乱している）でもある。
●ホモ・ファベール（道具を作る技術者で製造者）は、ホモ・フィデリス、レリギオニス、ミトロギクス（信仰し、信じやすく、宗教的で、神話的）でもある。
●ホモ・エコノミクスとして自己の利益を考えるが、同時に、それだけでは不十分で、ホモ・ルーデンス（遊ぶ）やホモ・リベル（無償の行為を行う）になろうともする。

要するに、サピエンス、ファベール、エコノミクスのうちにある合理性の基盤は人間的なもの（個人、社会、歴史）の一方の極でしかありません。同じくらい重要なものとして、他方に、情熱《パッション》、信仰、神話、幻影、錯乱、遊びがあるのです。

だとすれば、狂気とは、病棟にいる不幸な人びとの狂気だけでなく、怒りや一時的な精神錯乱の発作の狂気でもあると考えられるでしょう。倨傲《ヒュブリス》［神をも畏れぬ極度の自尊心や自信］の狂気、つまり思い上がりだとか、飽くことのない際限なしの野心は、権力欲や金銭欲に取り憑かれた個人だけでなく、国家についても当てはまるように思われます。――ここで私が言おうとしているのは、地球支配という妄想に固執する西洋文明のことです。

〈歴史〉を考えるためには、マルクスとシェイクスピアを連結しなければなりません。イタリア出身の改宗ユダヤ人で、英国に移り住んだジョン・フローリオ[*1]という人物がいますが、私は、彼がシェイクスピアの悲劇のニヒリズム（そこには〈救

＊1　ヨーロッパ大陸の人文主義的教養をイングランドに伝え、イギリス・ルネサンスの開花に貢献した人物。

済〉が完全に不在です）の着想源だと考えています。

その後、サピエンスの別の逆説的な側面を理解しました。冷静な理性、計算や統計や経済の理性はなぜ非人間的なのか。それは感情、情熱、幸福や不幸といった人間を構成するものが理性には見えないからです。

純粋で冷酷な理性は、非人間的で非合理的でもあります。ですから、生きることは不確かで困難な技術であり、情熱的なものが錯乱に陥らないためには、理性に見張られる必要がありますが、それと同時に理性は、情熱によって賦活《ふかつ》される必要があります。その最たるものが、知りたいという情熱です。

私が得た大いなる教訓は、あらゆる情熱は、いわば通電可能状態にある理性を含んでいなければならないし、あらゆる理性は可燃状態にある情熱を含んでいなければならない、ということです。

人間に関する複雑な認識へと至る私の道のりが最後に至ったのは、避けることができない問い、つまり、人間の認識は、人間自身を知ることができるだろうか、というものでした。

私は、我々の支配的な認識のあり方が（結合しているものを）分離することと、

（全体をその構成要素に）還元することにもとづいていることに気づきました。そのために認識が困難になるのですが、それについては最終章で述べることにします。

要するに、認識にとって最も未知である存在は、認識そのものであることに気づいたのでした。

ホモ・エドガルス［エドガールという人間］

人間が持つ多極性を逃れることが私にはできませんでしたし、逃れようともしませんでした。それでも、できるだけ理性的なものを自分のうちに取り入れ、それを逃れるもの、つまり、人生のポエジーにそれを結びつけようとしました。ポエジーには情熱《パッション》が含まれています。私は怒りの発作やエロスの錯乱した発作を逃れることができませんでした。

私は、工作者（ファベール）です。小さなことで言えば日曜大工をしますし、大きなことでは私の作品、とりわけ複雑思考の建築家です。

私は宗教家（レリギオニス）です。五年の間、共産主義が唱えた地上での救済を信じていました。そして、〈祖国地球〉の兄弟愛という信仰を今でも持っています。

私は経済人（エコノミクス）です。研究者としての給料や著者としての印税で暮らしてきました。しかし、金銭を愛したことのない経済人です。稼いだものを早々に使い果たし、人生の終わりにあって文無しなのですから。

私は遊戯者（ルーデンス）です。遊び、ふざけ、冗談を言うのが大好きで、サッカーやラグビーの大試合も大好きです。私は自由人で、無償の行為にしばしば身を捧げました。

そして、散文vs.詩という究極の対立について言えば、私が逃れようとしたのは義務だけでなく、人生や文明が課する散文性です。私は儚いものであっても詩的状態に達することを好みます。例えば、モンペリエの街のプラン・ドゥ・パレ通りに溢れるひだまりの昼下がりのちょっとした散策がそうです。

以上、自分のうちにある四つのダイモーン（ギリシャ的な意味です）[*1]を分析しましたが、みなさんもこれらに外部から襲われたり、内部から霊感《インスピレーション》を覚えたりするはずです。これらは相互に対立すると同時に補完するものであり、私を私たらしめ、私を絶えず形成するもの、つまり、理性、宗教、懐疑主義、神秘主義です。

理性は必要なものだが不十分だと言いました。恋愛と兄弟愛という私の宗教についても述べました。子どもっぽいニヒリズムがやがて懐疑主義となり、宗教の核心においてさえ働いたことについても触れました。神秘主義について言えば、それは人生の詩的エモーションのうちで私が感じる素晴らしさのことです。

幼若性と未完成

『失われた範列』を書く前、雑誌『アルギュマン』をやっていた頃、私はルイス・ボルク〔一八六六〜一九三〇。オランダの解剖学者。「幼態成熟説」（ネオテニー説）を唱えた〕の理論に衝撃を受けました。彼によれば、ヒトの成体は、猿とは異なり、類人猿の胎児の特徴を保持しており、体毛はなく、鼻面は突き出ておらず、顔は平たく、亀頭は包皮に包まれています。心理と情愛の面では、成人は子どもの好奇心や思春期の渇望を

＊1　フランス語の démon はキリスト教の文脈では悪魔の意味だが、古代ギリシャの文脈においては個人の運命を握っている霊的な存在を示す。ソクラテスに間違いを犯さないように告げる声の霊がよく知られている。

失わないこともあり、両親や友人に対する強い情愛も保ちます。以上のことから、ヒトへの進化過程は二足歩行、脳の発達、手の使用であると同時に、幼若化だとも言えます。

　このことからまた、人間になることが未完成であることと関係していたことがわかります。未完成は欠如や不在の気持ち、愛や熱情に対する欲求、絶対への憧れを生み出します。ハイデガーは、この絶対の探求を、人間といういつまでも何かが欠けている存在に固有に見られる不安のうちに認めました。

心変わりと気まぐれ

知性、錯乱、工作、神話、経済、遊戯、自由の間の関係は、それぞれの人間のうちで柔軟であり、変わりやすいものでしょう。

　だからこそ、私たちの多くは心変わりするのですし、最悪のものから最善へと移り、物分かりがよいかと思えば、頑固で冷徹になったり、善人と悪人の間を行ったり来たりし、理想家であると同時に冷笑家であったりします。理性／情熱／錯乱／

信仰／神話／宗教の間の関係は、各人のなかで置換可能で、不安定で、修正可能です。人間は善でも悪でもなく、複雑で節操がないのです。

だからこそ、発展や変更についても考慮する必要があります。誰もが子どもの頃から、さまざまな状況や影響や経験によって変化発展し、それは大人になっても、老齢に達しても続きます。

最後に、個人レベルでも国家レベルでも見られる偏流〔偏向〕や転向〔改宗〕のことも考慮しなければなりません。

歴史の激変によって引き起こされた偏流は数多く、それらは多くの人びとを激変させ、彷徨させました。私自身が観察した数多くの偏流のうちのいくつかについて話すことにしましょう。私は人民戦線の国会がペタン元帥[*1]に全権を移譲する法案を可決したのを見ました。左翼の平和主義者たちがヴィシー政権へと流され、その後

＊1 フィリップ・ペタン。一八五六〜一九五一。軍人、政治家。第一次世界大戦時、ドイツ軍猛攻下のヴェルダン要塞を死守した国民的英雄。一九四〇年、首相に就任して対独休戦を実現。首都パリを含むフランス北部と東部はドイツの占領下に置かれ、政府は中部のヴィシーに移り、「労働、家族、祖国」をスローガンとする権威主義体制を樹立、対独協力政策を実行した。

は対独協力者となり、パクス・ゲルマニカ（一九四〇年から四一年初め）［ラテン語で「ドイツによる平和」、歴史学用語「パクス・ロマーナ」にならった造語］にではなく、ドイツの戦争とナチズムに加担するのを見ました。社会主義者たちが、社会主義的なものとなると考えたナチス的欧州の方へと偏流するのを見ました。共産党のリーダーであったジャック・ドリオ[*1]がナチ党員になり、親衛隊の制服を着て死ぬのを見ました。一九三〇年代のドイツでは多くの反ファシストがファシズムに転向し、その後のイタリアではファシストたちが大挙して反ファシズムに変わったのも見ました。兄弟愛的な最も美しいイデオロギーによって突き動かされていた共産主義者たちが、非人間的で残酷になるのも見ました。合理主義の使徒であったジュリアン・バンダ［一八六七～一九五六。フランスのユダヤ人哲学者・小説家。合理的認識を擁護、情動や直観を断罪。『知識人の裏切り』］を筆頭に多くの知識人がスターリン時代にまやかしの馬鹿げた裁判を正当化するのを見ました。いたずら仔猫のようなドミニク・ドゥサンティ［一九一四～二〇一一。作家］が無慈悲な雌虎となり、『チトーとその一味の仮面と素顔』［一九四九、未邦訳］という下劣で愚かな本を書くに至ったところを見ました。懐疑的で精緻な人物であったピエール・クールタード［一九一五～六三。作家、共産党員のジャーナリスト。最後には『赤の広場』でソ連体制を公然と批判。『黒河』『暗黒の青春』〕が、あの偉大なピエール・エルヴェ〔一九一三〜九三。共産党員のジャーナリスト、政治家〕と同じく、下劣な裁判を下劣な言葉で正当化するのを見ました。善良なアンドレ・マンドゥーズ[*2]が、メサリ派に対するアルジェリア民族解放戦線（FLN）の暗殺や中傷を正当化するのに、「オムレツを作るためには卵を割らなければならない」と言うのを見ました。今でも知識人たちの驚くべき偏流〔迷走〕を目にしますし、これからもそうでしょう。

年齢と経験によって変化したからといって明晰さを獲得するとはかぎりません。じっさい、なんと多くの共産主義者や毛沢東主義者、トロツキストが、幻滅の結果、外国人嫌いの国粋主義者になったり、少年時代の宗教に戻ったりしたことでしょう。私の場合、若い頃の渇望を保ちながらも、セクト主義的な論理を決定的に放棄する

＊1 一八九八〜一九四五。貧しい労働者の家に生まれ、初め社会党、後に共産党に入党するが、除名され、共産党に幻滅、三六年にファシズムを奉じるフランス人民党を結成。ヴィシー政権下でナチス協力者。飛行機の機銃掃射を受けて死亡。

＊2 一九一六〜二〇〇六。歴史家、カトリック左派のジャーナリスト。反ファシズム、反植民地主義の論陣を張った。独立後のアルジェリア政府から大学再編のために招聘される。

ことで、政治的には完全な自立へと転向しました。

最後に、一八〇度の方向転換という驚くべき現象があります。天啓と呼ばれるものです。例えば、ダマスカスに至る道でパウロとなる前のサウロに起こったこと[*1]、信仰と敬虔の模範となる以前は放蕩者であった信仰心のなかったアウグスチヌス〔キリスト教の教父〕に起こったこと、一八八六年、ノートルダム大聖堂でのクリスマス・ミサで、無神論者であったポール・クローデル〔詩人〕が恩寵によって天啓を受けたときに起こったことです。「一瞬のうちに、私の心は触れられ、私は信じた」〔「私の改宗」〕。同じように、シャルル・ペギー〔一八七三〜一九一四。詩人、思想家。社会主義者として活躍した後、カトリックに改宗〕や、エルネスト・ルナン〔思想家〕の孫のエルネスト・プシカリ〔一八八三〜一九一四。愛国的なカトリック作家。従兄弟のペギーらの影響を受けてカトリックに改宗〕も二十世紀初めに改宗しました。もう少し後のことになりますが、ポール・エリュアール〔一八九五〜一九五二。シュルレアリスムの詩人〕らは、ニヒリズムから逃れるために共産主義に転向しました（「共産党がなければ、私はガス栓を捻っていただろう」）。

精神の地下で起こる歩み

おそらく長いあいだ、他人にも自分にも見えないながら、少しずつ転向が進み、精神の地下で進んでいる何かがこのような事態を引き起こすのです。これこそ、若きファン・カルロス[*2]に起こったことです。彼は教権的ファシズムのフランコ政権治下で育ちましたが、王位に就くとスペイン民主主義の保証人となりました。ソ連共産党中央委員会書記長であり、党の指導者であったミハイル・ゴルバチョフの場合もそうです。彼は、マルクス主義的人道主義の申し子だったのですが、それを乗り越え、欧州および世界の人道主義者となったのでした。そして、この地下精神は、

＊1 キリスト教の使徒、元の名前はサウロ。熱心なパリサイ派のユダヤ人でキリスト教徒を迫害したが、ダマスカスに行くとき、「サウロ、サウロ、なぜ、わたしを迫害するのか」というイエスの声を聞いて回心。その後は伝道旅行を行い、各地に教会を建設、ローマで斬首刑に処されたとも、スペインにまで伝道したとも言われる。

＊2 一九三八〜。スペイン国王（在位一九七五〜二〇一四）。スペイン国王アルフォンソ十三世の孫として誕生し、共和制下の独裁者フランコから後継者指名を受けて即位（王政復活）。立憲君主制下での民主化の推進に貢献。

事なかれ主義者と見えたベルゴリオ司教をローマ教皇フランシスコに変身させ、兄弟愛の福音的なメッセージと再び結びつき、環境の危機と利益の世界的な猛威に直面した人類の代弁者にしたのです。

政治や宗教によって刷り込まれた思い込みに従っていたように見える人びとにおいて、意識の地下で進行した仕事によって人間がすっかり変わることがあります。ゴルバチョフや教皇フランシスコの場合のように人類の代弁者になることがある。私にとってこれほど勇気づけられることはありません。

人間を構成する三要素

私はここまで個人に関する複雑さを示してきました。今度は手短に、この個人の複雑さが、人間を定義づける個人／社会／人類という複雑な三位一体の一要素であることを示しましょう。

キリスト教の三位一体のように、人間のこの三位一体において、要素のそれぞれは同時に他を生み出すものであり、他によって生み出されるものでもあります。こうして、個人は人類によって作り出されるのですが、再生産という生殖活動によって人類を作り出すものでもあります。個人間で行われる相互的な活動は社会を生み出しますが、この社会がまた個人の方に振り向く形で働きかけ、個人は自らのうちに社会の言語や文化を組み込み、社会はこのような経路によって個人の人間性を作り上げるのです。この三つの要素のそれぞれは他の要素のうちにあります。こうして、全体である社会は、その社会の内部にいる諸個人のうちにあり、遺伝子の継承である種は、そのうちに私たちを包摂しながらも私たちの細胞の一つ一つのDNAのうちに含まれているわけです。

私たちは、自分の生命と遺伝子を所有しています。しかし、同時に心臓、肺、動脈、消化器官などを機能させている生命と遺伝子の組織力によって所有されているとも言えます。

また、私たちの精神は、人間精神が生み出した神話、宗教、イデオロギーによって所有されてもおり、それらが主人や支配者となり、崇拝や供犠《くぎ》を強制されることもあります。さらに、私たちは、愛するとき、熱中するとき、踊っているときは、ほとんど憑依状態、神がかり状態にあります。

「彼らは目覚めていながら、眠っている」とヘラクレイトスは言っています。ある意味で、私たちは表層では目覚めているつもりの夢遊病者なのです。

この章を読むことが、自分のうちにあり、単純化や一方向性や教条主義によってしばしば隠されている人間の複雑さについて意識するきっかけとなれば幸いです。

第五章

わが政治的経験

――一世紀にわたる激流のなかで

政治が私の精神のうちに現れたのは、十三歳のとき、一九三四年二月六日の国会に反対するデモが起こったときです。級友たちは、「火の十字団」[*1]派と社会＝共産共同戦線派（やがて急進派も取り入れて拡大し人民戦線になる）に二分され、時には激しく対立しました。

私の場合、もともと確信など持っていなかったため、級友たちの意見の対立を見て、アナトール・フランスを読むことで学んだ懐疑主義が助長されました。

この激動の時代に私は自分の教養を積み、それが今日に至るまでの私の政治的な観念の基盤となっています。この教養は、一方ではモンテーニュに始まり、モンテスキュー、ヴォルテール、ディドロ、ルソー、ユゴーを経て、ロマン・ロラン〔一

＊1　戦争十字章を受けた者の親睦団体として組織されたが、一九三〇年にド・ラ・ロック中佐が指導権を握った後、強力なファシズム運動となった。

八六六～一九四四。作家。ヒューマニズム、平和主義、反ファシズムを掲げた」に至るフランスの人文主義の伝統であり、他方では、西欧の人文主義には見られない人間の悲惨さや悲劇への感受性を含むトルストイと、とりわけドストエフスキーのロシアのヒューマニズムからなっています。後者はあらゆる抑圧や屈辱を行う者に対する嫌悪を決定的に私に植えつけました。

　こういったことが私のうちに、民族や宗教や人種にもとづいた軽蔑や拒否に対する揺るぎのない嫌悪感を根づかせました。以上のことと密接に関係するのはフランス革命の主要な観念と社会主義思想です。

　数千年来続く呪われた民族の出身であることの自覚がおそらく、一九三〇年代から四〇年代にかけての熾烈《しれつ》な反ユダヤ主義によって維持され、私のうちでは、あらゆる呪われた者、敗北者、隷属者、被植民者への共感が強まりました。とはいえ、私は常にヒューマニズムの普遍的な次元に身を置こうとしました。

戦前期の教訓

戦後になって振り返ってみて自覚したことは、一九三〇年代とは、一九二九年の大恐慌によって生まれた史上稀に見る巨大な台風であり、それが一九四〇年から四五年に世界大戦という形で猛威を振るい、五千万とも七千万とも言われる死者を出し、それをさらに上回る負傷者、孤児、寡婦を作り出したということです。

この戦前の台風の渦に捉えられ、私の精神は心的な大混乱を被りました。民主主義や資本主義といった問いを孕《はら》む言葉に、社会主義、共産主義、〈革命〉、ファシズム、反ファシズムといった言葉が加わりましたが、それはナチスドイツが再軍備をし、領土を要求し獲得した時代であり、モスクワで言語道断の裁判が行われ、フランスで人民戦線が政権を獲得し、スペインで、ドイツ、イタリア、ソ連の介入によって戦争が激化した時代でした。[19] そのあと、ミュンヘン協定[*1]があり、チェコスロヴァキアがヒトラー率いるドイツに譲渡されました。

政治上の真理を求めていた私は、自分のうちに矛盾した複数の衝動を感じていま

＊1　一九三八年九月にミュンヘンで行われた英仏独伊の四大国首脳会談の結果、チェコスロヴァキアのズデーテン地方をドイツに割譲する協定が締結された。

した。〈革命〉は必要だが危険であり、改革は必要だが不十分であると思われました。私は第一次世界大戦を経験した人たちの証言の影響を受けて平和主義に転向していましたが、平和主義を確信していたために、ヨーロッパを脅かすナチスの帝国主義が見えませんでした。

私は無数の試行錯誤を通して、自分の政治上の真理探究を続け、結局は、経済危機と民主主義の危機を乗り越え、とりわけファシズムとスターリニズムを避ける第三の道を探す人びとの仲間になりました。一九三八年、私はガストン・ベルジュリ[*1]が一九三六年に作った戦線党《フロンティスト》という小さな党に入りましたが、これは反ファシズムと反スターリニズムを同時に掲げ、二つの戦線で戦い、国家単位での民主社会主義を唱えるものでした。

私は、民主主義の危機、資本主義へのマルクス主義の批判的寄与、ナチズム特有の卑劣さ、スターリニズム特有の卑劣さというものについてはそのときすでに意識していました。——とはいえ、スターリニズムに関しての批判は弱まり、一九四二年には消えてしまいました。

私は、当時の人びと、政治家、軍人を捉えていた夢遊病状態を意識していませんでした。それを免れていたのは一部の名士だけで、全体的には時代の重要な危険が見えていなかったのです。ナチスドイツの恐ろしい台頭はまだ潜在的でした。「アーリア人の」優越性という幻覚的な神話に導かれて、ドイツはドイツ語が話される領土を取り戻そうとしただけでなく、植民地化してスラブ民族の生存圏を征服しようとしていました。[*2]

私たち（私を含む）は、全体主義の本性と興隆を意識していませんでした。ところが、全体主義はイタリアで部分的に始まり、ソ連で完全に進行し、ナチスドイツでも、経済が国家統制のもとで民間のものであったとはいえ、ほとんど完全に成立していたのです。

独ソ不可侵条約はまったく予測されていなかった雷の一撃でした。そもそもソ連

＊1　一八九二〜一九七四。フランスの政治家。一国社会主義と戦争拒否を説く連立主義の立場から、左翼の共闘を主張したが、人民戦線に失望。ヴィシー政権下ではソ連、トルコ大使を歴任。
＊2　ヒトラーは東欧にドイツ人の生存圏（Lebensraum）を見出し、スラブ系諸民族を排除しようとした。

と英仏の間で交渉が進められていたのですが、ナチスが侵攻した場合にソ連がポーランドに入ることを英仏が拒否したために、交渉は頓挫しました。その間に、ナチスドイツとソ連は、ポーランド分割、勢力圏の分配、経済協力、さらにはソ連に亡命していたドイツ人共産党員の引き渡しすら含む不可侵条約を締結してしまったのです。*1

この経験からどんな教訓を引き出すべきでしょうか。それに先立つ時代の特徴であり、歴史的災厄を引き起こすことになった夢遊病的な無意識という教訓でしょう。指導者や国民の誤りや盲点や幻影という教訓でしょう。全体主義の新たな性格を把握すること、とりわけスラブ系ヨーロッパを支配し植民地化しようというヒトラーのドイツの冷酷な意志を理解することが多くの人にはできなかったという教訓でしょう。

これら一連の想定外の出来事は、一九二九年の経済危機に始まり、ヒトラーの権力掌握、そして独ソ不可侵条約へと続きますが、この条約は戦前の最も唖然とする究極の出来事でした。

戦中および占領期の教訓

戦争中の平和状態であった「奇妙な戦争[*2]」期の夢遊病状態のあと、私たちは一九四〇年五月十日、ドイツの突然の攻撃と英仏軍の潰走に驚愕しました。フランスがこれほど急速かつ完全に攻め入られたことも、フランス軍がこれほど急速かつ完全に潰走したこともありませんでした。またもや信じられないことが現実となったのです。

ヴィシー政権は、すぐさま人民戦線にこの災厄の責任をなすりつけ、参謀本部の責任は忘れたふりをしました。しかし、ドイツのハインツ・グデーリアン〔一八八八～一九五四。ドイツの将軍〕が――ペタン元帥によれば「侵攻不可能」で「乗り越え不可

＊1 公表された条文は相互不可侵および中立義務についてだったが、同時にモランが述べている秘密議定書も締結されていた。
＊2 一九三九年九月一日にドイツがポーランドに侵攻して第二次世界大戦が始まり、英仏がただちにドイツに宣戦したにもかかわらず、四〇年五月まで陸上での戦闘はなかった。この時期を奇妙な戦争と呼ぶ。

能」であった――アルデンヌ地方〔北仏、ベルギー国境に接する〕に戦車隊を展開し、スダン〔アルデンヌ県の街〕を占領し、ダンケルク〔フランス北端の港町〕に急いで向かっていた英仏軍の背後を襲おうとしていたときに、ベルギーとオランダに連合軍を投入したのは彼らだったのです。ドイツ軍の攻撃によってフランスの配備は壊滅しました。ポール・レノー*1は首相を辞し、ペタン元帥が後釜につき、六月十七日、ボルドーから休戦を求め、二十四日*2にそれを得ました。その結末はみなさんもご存じの通りです。

一九四〇年六月、未曽有の出来事がありました。フランスが分裂したのです。軍が分解し、部隊が散り散りになっただけでなく、北フランス、パリ、アルザス、ロレーヌ、ブルターニュ、中部から、何百万人というフランス人が自動車、荷車、徒歩で南に向かう街道に押し寄せ、ときにはその群れをドイツの飛行機が機関銃で掃射しました。数多くの連帯の行為と、数多くの連帯の拒否が見られました。この経験から私が引き出した教訓は、カタストロフ（新型コロナウイルスのパンデミックもその一つです）は、他人への思いやりとエゴイズムという真逆な二つの行動を引き起こすということでした。

トゥールーズにいた私は、避難学生の仲間内で連帯を経験するとともに、ダニエル・フォシェ教授〔一八八二～一九七〇。地理学者。当時はトゥールーズ大学文学部長〕の惜しみない寛大さに接しました。教授は避難学生を受け入れ、食べ物と住処を提供する組織を作ったのです。

災厄の典型的な特徴について言い忘れるところでした。それは恐ろしい勢いで噂が広まることです。フランスが負けはじめるとすぐに、ドイツ軍が前線の背後にスパイと民間工作員からなる第五列を投入したという噂が広まりました。スパイ狩りのために無実の人が犠牲となりました。敗北後には、フランスが勝利して復興するとの聖女クロチルドのお告げがあったという予言が自然発生的に広がりました。占領下では無数の噂が拡散し、そのなかには、ドイツのイギリス上陸が失敗に終わったという楽観的なものもありました。

＊1　一八七八～一九六六。政治家。一九四〇年三月、ダラディエに代わり首相に就任。ドイツの侵攻により敗勢が濃くなってからも抗戦継続を唱えたが、休戦派に屈し六月に辞職。
＊2　モランは二十四日としているが、独仏休戦協定は二十二日。

ペタン神話には、大きな庇護力があったのですが、それはゆっくりと薄まっていきました。ヴェルダンの勝者、フランス元帥であるペタンが国の利益に奉仕することは間違いありませんでした。彼の祖父のような庇護者のイメージは人びとを安心させ、保護するものでした。このイメージが崩れるまでには多くのことを捨てる必要がありました。事実、占領時代マスメディアはこぞって対独協力を叫んでいましたが、その一方で、ロンドンではド・ゴールがラジオ放送でこの裏切り行為を弾劾する宣言を行っており、多くのフランス人は両者を混ぜて保身を図り、日和見主義を正当化するような自分流の考え、つまりペタン＝ド・ゴール主義を取ったのです。ペタンは、自由解放の剣を握るド・ゴールを守る盾だというわけです。彼らが裏では示し合わせているという考えが、一般市民の会話のなかにも出回っていました。

食料品をはじめ必需品の統制のため闇市が花盛りでした。闇市のために多くの腐敗が生まれましたが、連帯も生まれました。農業を営む者は（フランスは当時はまだ農業従事者が過半数でした）、都市部に住む親戚にバター、チーズ、鶏肉などを送りました。友人たちの間でも、卸売商と客の間でも相互扶助がありました。私の父が一時期リヨンで寄寓した床屋のブラン夫人は、客からもらった豚肉加工製品や食料品を父に分けてくれました。

占領時代にわかったことがあります。人は物資が不足すると通常とはまったく違うやり方で切り抜ける能力があるし、公式見解に対して、受動的なやり方であっても、こぞって抵抗するということです。例えば、映画館でドイツに関するニュースが映写されると、口笛が吹かれたりしました。もちろん占領軍に直接抵抗はできませんが、占領軍がいることで起こる事態に対してはこぞって抵抗しました。

公式のメディアがどれもドイツの思いやりとドイツ軍の勝利を賛美していたにもかかわらず、ドイツ人に対する意見の大半は敵対的なままであり、ドイツの勝利を信じることも拒みました。

フランスの敗北、〈ドイツによる占領〉、対独協力、それからレジスタンス、それらによって多数の人が信じられないほど変わりました。すでに記したように、左翼の平和主義者たちは、戦争の恐怖から、ドイツによる平和、パクス・ゲルマニカを受け入れました。戦争が世界に広がり、この平和が消えると、平和主義者だった連中が親ドイツの好戦主義者となり、レジスタンスを糾弾しました。ジョゼフ・ダルナン［一八九七〜一九四五。軍事指導者、政治家］は一九四〇年にはロンドンに出発したかもしれませんが、一九四三年には対独協力の最悪の形である民兵団の指揮官になりました。反独の国粋主義者たちが、親ナチスの対独協力者となりました。他の者たちは、クロード・ロワ、[*1]ダニエル・コルディエ〔一九二〇〜二〇二〇。レジスタンス運動家、歴史家、美術商〕、エマニュエル・ダスティエ・ド・ラ・ヴィジュリ〔一九〇〇〜六九。作家。レジスタンス運動に参加。『パリは解放された』〕のように共産主義者や社会主義者になりました。国際主義者が愛国者になったのです。

レジスタンスにおいては共産主義者とド・ゴール主義者の間に内紛がありましたが、この手の内紛で他に例を見ないほど凄まじかったのはユーゴスラヴィアにおいてです。国家解放運動（ＭＬＮ）は力がありましたが、指導者たちのなかに数多くの隠れ共産党員がいたため、競争意識は緩和されました。全国抵抗評議会（ＣＮＲ）の内部にも多くの葛藤がありましたが、私を含め多くの者にとってレジスタンスは兄弟愛の素晴らしい経験でした。フランス解放は崇高な瞬間でしたが、そこからは残りかすも生まれました。ドイツ人と肉体関係を持った女性たちの髪の毛を丸刈りにして辱めを受けさせたり、誤った告発があったり、小罪を大罪に仕立て上げ執拗に異端分子を攻撃したりということが行われたのです。

この時期の教訓は、不可能だと思えることが起こるということです。一九四〇年のフランスの崩壊がそうでした。そして、四一年十二月からドイツ軍の最初の敗退によって絶望は希望へと変化しました。

歴史における想定外の未曽有の出来事の出現はいくつもありました。一九三九年の独ソ不可侵条約は、その二年後のもう一つの予想外の出来事、ドイツの攻撃に対するモスクワの勝利の抵抗によって隠され忘れられました。私自身もこの条約を隠蔽しただけでなく、その正当性を主張し、モスクワの予想外の抵抗と真珠湾攻撃によってアメリカが参戦したことを喜んだ一人でした。

ここで、モスクワを前にしてドイツが最初の敗北を喫する要因となった驚くべき状況について述べなければなりません。第一にヒトラーは一九四一年五月に予定していたソ連攻撃を一ヶ月遅らせねばなりませんでした。その理由はこちらも想定外だったことですが、ギリシャ軍がイタリアの攻撃に抵抗して、ムッソリーニがヒト

＊1　一九一五〜九七。作家、評論家。右派の思想に傾倒した後、共産党に入党、対独レジスタンスに参加、全国作家委員会（ＣＮＥ）に参加した。

ラーに援軍を頼んだためでした。ドイツ軍がユーゴスラヴィアに侵入し、まずはセルビア、続いてギリシャの抵抗を粉砕し、一九四一年四月にアテネに入城し、ギリシャを占領するのに一ヶ月を要しました。軍備を再編成するのに三週間かかり、ソ連を攻撃したのは六月二十二日になってからのことでした。一九四一年の夏、ソ連を攻撃したドイツ軍はモスクワへの途上で思わぬ抵抗に遭い、当初の目標を暫定的に放棄して、ウクライナ征服に向かいました。ドイツ軍が秋にモスクワへの攻撃を再開したとき、例年より早くに訪れた大雨によって進軍は遅れ、モスクワ周辺のこちらも例年より早い寒気によって身動きが取れなくなってしまったのです。その一方で、東京でスパイ活動を行っていたゾルゲ[*1]によって、日本のシベリア攻撃がないことを知らされたスターリンは、シベリア横断鉄道を使って、寒冷地での戦闘に慣れ、T－34戦車とカチューシャ〔自走式多連装ロケット砲〕を装備した極東軍を西部に移動させました。スターリンはこの戦争においてその軍事的才能が決定的となったジューコフ将軍をモスクワ前線の指揮官に任命しました。一九四一年十二月五日、ジューコフは攻撃を開始し、ドイツ軍を二百キロほど押し返し、モスクワを救いました。十二月七日、日本の空軍が真珠湾を攻撃しアメリカは戦争に入りました。世界の運命はたった二日で変わってしまったのです。

この紛争から学ぶべき教訓は、それが戦争の野蛮さ、そしてナチズムに特有な野蛮さを頂点にまで押し上げたということです。ヨーロッパの最も教養ある国が奴隷制の国になり、スラブ民族を、そして一九四二年以降は、ユダヤ人とヨーロッパのロマの大虐殺《ジェノサイド》を行ったのです。

歓喜と幻滅

レジスタンスのうちで、新しい世界への大きな希望が生まれました。公平な民主社会主義的な社会を望む者もいれば、彼らが想像するソ連で実現している兄弟愛のある社会を望む者もいました。

戦後の連立政権はじっさい、いくつかの社会的措置を講じました。しかし、希望

＊1 リヒャルト・ゾルゲ（一八九五〜一九四四）はソ連のスパイ。ドイツと日本の対ソ参戦の可能性などの調査に従事。ゾルゲ事件の首謀者として日本の警察によって逮捕され、死刑判決を受け、処刑された。

した世界は到来しませんでした。反対に、東西同盟は冷戦に変わりました。ソ連では新たなスターリン的氷河期が到来しました。二つの帝国主義が対峙したのです。こうして、私たちは歓喜から幻滅へ、希望から恐怖へと移行しました。

冷戦の初めの頃は、当時唯一の原爆保有国であったアメリカの帝国主義に気を取られ、ソ連の帝国主義、ソ連が衛星国に行使していた全体主義的支配には目が届きませんでした。アメリカの覇権ばかりが目につき、ソ連のシステムが二十世紀後半における最悪のものだということが理解できなかったのです。その一方で、西側では民主主義があったために資本主義の行き過ぎが見えませんでした。

共産党に入党したとき、私はソ連の最悪の側面がすでに完全に過去のものとなったと信じこむことでそれを隠していました。一九四七年に出された、あらゆる文学と文化の独立性を禁じたジダーノフ〔一八九六～一九四八。ソ連の政治家。社会主義リアリズムを提唱。文化と芸術様式の統制を行った〕報告のあとでも、私は、ソ連の命令による文化の劣化を意識し、批判したにすぎませんでした。ディオニスとロベールと私は、他の仲間の支援も得て、「文化的」反対派を決然と作りましたが、党の全般的な政策はもとより、その本質を疑うことはありませんでした。私たちは仲間内では、知性低下、嘘、教条主義、中傷、スターリン的共産主義から派生する暫定的な欠点などを告発しましたが、それがスターリン体制の本質の表れであることはわかっていなかったのです。

私は一九四九年、クラフチェンコ裁判[*1]の際に政治的に沈黙し、このソ連の裏切り者を擁護するために証言したマルガレーテ・ブーバー゠ノイマン［ドイツ共産党の主要メンバーだったハインツ・ノイマンのパートナー］と出会った後ですらそうでした。彼女は、独ソ不可侵条約の後、ソ連に亡命していたドイツ人共産党員たちをスターリンがヒトラーに引き渡したことを暴露しました。じっさい、彼女はソ連の強制収容所《グラーグ》からベルリン北郊のラーフェンスブリュック強制収容所［十二万もの女性が収容され、半数が死亡］に移されたのでした。

＊1 元ソ連共産党員のヴィクトール・クラフチェンコ（一九〇五～六六）は一九四四年にアメリカに亡命、強制収容所の存在などを暴く『私は自由を選んだ』を出版。一九四七年フランス語版が出ると共産党寄りの『レ・レットル・フランセーズ』誌がこの本をアメリカ諜報部のでっち上げと非難。クラフチェンコは名誉毀損で訴え、「世紀の裁判」と呼ばれる裁判となった。百名以上の証人によってソ連の惨状が告発され、四九年四月にクラフチェンコが勝訴した。

しかし、一九四九年のライク[*1]裁判の卑劣さと馬鹿馬鹿しさによって、ついに私のうちで主観的な断絶が起こり、それは一九五一年に党を除名されることで客観的なものとなりました。私は、共産党が持つ神秘的で宗教的な性格を意識しました。元来は温厚で寛容な人が党によって愚鈍な狂信者に仕立て上げられるのも見ました。しかし、この裁判に小宇宙《ミクロコスモス》のように集められた共産党の嘘と卑劣さこそが私に作用して、文字通り私の全信仰を吐き出せたのでした。このように内的には縁を切ったものの、同志愛と友情を断ち切るのは苦しいものでした。私は、自分の誕生を妨げている臍の緒を断ち切らねばならなかったのです。三十歳のときのことでした。

その後、この六年間の迷妄と幻想に関して全面的かつ根本的な自己批判をする必要があり、それこそが私が一九五八年に行ったことです。私はまた、単一の党による全体主義という二十世紀に特有な悪が何であったのかを考えなければなりませんでした。ナチズムと共産主義という不倶戴天の敵が、全体主義という共通点を持つという考えを多くの人は拒みました。人類全体を包容しようとする共産主義の普遍的なイデオロギーと、ナチスドイツに固有なアーリア人の優越性という人種的イデオロギーの間には全面的な対立があったからです。しかしながら、単一の党が人間と歴史に関する真理を保持し、個人の生活を含むあらゆる人間の活動を管理し、自らの権力下に置くという点は同じです。ハンナ・アーレント〔アメリカに亡命したドイツ系ユダヤ人の哲学者〕は一九五一年に刊行した『全体主義の起源』でこの考えを示しました。[20]しかし、私には彼女の定義は不十分に思われました。ずいぶん後の一九八三年、私は『ソ連の本質』[21]を出版して、ソ連のスターリン後の歴史を辿りましたが、それはまったく別の形態の独裁と比較することで、この巨大で新しい現象を理解するためでした。

二十一世紀、精神を奴隷化し支配する全体主義の力について理解することが重要性を増しているのは、この現象が新たな全体主義のあらゆる要素を成しているからです。その最初のモデルは巨大化した中国で成立しました。したがって、過去の全体主義との差異と類似点を把握することは必要です。この点についてはまた後ほど触れたいと思います。

＊1 ライク・ラースロー（一九〇九〜四九）はハンガリーの政治家。西側帝国主義のスパイとして起訴され、死刑となった。一九五六年に名誉回復。改めて行われた国葬はハンガリー動乱の先駆けとなった。

スターリン政権を告発したフルシチョフ報告によって、私は自由主義的な共産主義に少しのあいだ希望をかけましたが、一九五六年のハンガリー動乱の制圧[*1]によって最後の希望も潰えました。共産主義との断絶は完全なものとなり、それは私に二つの真実を教えました。

第一の真実。私のスターリン時代の経験が決定的だったため、私は狂信的な精神がどのように機能するかを理解し、それに対してアレルギー反応を持つことになりました。

第二の真実。この経験によって、自分が根本的に右でも左でもあることが理解できました。以来、自由という観念を絶対に犠牲にするまいという決心をしたことにより右であり、革命の必要性ではなく、変革の可能性を確信するようになったことにより左なのです。

要するに、幻想から覚めることで、私なりの左翼の考え方を再編できたのです。それは以下の四つの源泉から同時に汲み出されねばなりません。個人の開花のための絶対自由主義的な源泉、よりよい社会のための社会主義的な源泉、兄弟愛のある社会のための共産主義的源泉、人間を自然のうちに、そして自然を人間のうちによりよく統合するためのエコロジー的源泉です。

素晴らしき一九五〇年代

一九五三年三月五日、スターリンが死去します。一九五三年六月、東ドイツで共産主義体制への反乱が起きます。一九五四年から一九六二年にかけてはアルジェリア戦争がありました。一九五六年二月二十四日、フルシチョフがスターリンを告発する報告をします。一九五六年六月、古都ポズナンで暴動が起こったポーランドは、十月には自主的路線に政策を転換しました。一九五六年十月二十三日、ハンガリー動乱が起こり、十一月には容赦なく制圧されます。一九五六年十月末、第二次中東戦争［スエズ戦争］が起こり、イスラエルはエジプトに侵攻、それを支持して英仏も

＊1　一九五六年十月、「脱スターリン主義」政策の不十分さに対して知識人階級と学生が反乱。新首相イムレ・ナジは、ハンガリーの中立とソ連軍の撤退をソ連から引き出したが、ワルシャワ条約からの脱退を宣言すると、ソ連軍が引き返し、十一月四日、ブダペストはソ連軍戦車によって制圧された。

侵攻します。[*1] 一九五八年五月十三日、アルジェで現地軍人や入植者によるクーデターが起こり、一九五八年十月、ド・ゴールが首相指名を受け、権力の座につき、第四共和政は終わり、大統領が強い権限を持つ第五共和政が宣言されました。一九六一年、ド・ゴールに対してアルジェリアでは「将軍達の反乱」[*2]が発生しました。

この八年間の出来事は予想外だっただけでなく、未曽有でもありましたが(後継者によるスターリン告発もそうでしたし、第四共和政の瓦解も)、一方でソ連の共産主義の危機を招き、他方で、「フランス解放」以降の民主主義にとっても危機を招きました。ポーランドとハンガリーの労働者による革命は「労働者階級」の党に対してなされたのであり、「評議会《ソヴィエト》」と称する軍隊がブダペストの労働者評議会《ソヴィエト》を流血のなかで弾圧したのでした。これらの出来事はソ連の嘘を暴露しはじめるものであり、共産主義という地上での救済を謳う宗教を根底から揺るがし、その瓦解を準備しました。

クロード・ルフォール〔一九二四〜二〇一〇。フランスの政治哲学者。マルクス主義から離れて全体主義を批判。『民主主義の発明』〕、ロベール・アンテルム、ディオニス・マスコロと私は、ポーランド解放時に車で連帯旅行をしました。私たちはハンガリー革命に興奮し、フランスに亡命したハンガリー人のために受け入れ委員会を作りました。

これらの出来事と偶然一致したのですが、私は数人の友人と『アルギュマン』という雑誌を創刊しました。共産主義の危機と民主主義の危機について考察することを使命としていましたが、その後は、より一般的なものも対象とし、日常的で個人的な諸問題（恋愛）も組み入れました。雑誌はフランスでは当時知られていなかったアドルノやホルクハイマーなどフランクフルト学派の思想家の論考を掲載しました。この雑誌に載ったハイデガーのテクストから私は「惑星の時代」という言葉を借り、アメリカ大陸の征服以来の人間の歴史を示すために用いました。

一方、私は、ディオニス・マスコロ、ロベール・アンテルム、ルイ＝ルネ・デ・フォレ〔一九一六～二〇〇〇。作家。『おしゃべり』『子供部屋』〕と一緒に、「北アフリカにおける戦争継続に反対する知識人の委員会[*3]」を立ち上げました。個人的にはフランスと

＊1 イスラエルはシナイ半島、英仏は運河地帯を占領したが、エジプト国民の抵抗と国際世論の非難によって占領は失敗、十一月六日停戦。エジプトのスエズ運河国有化が確定した。

＊2 退役将軍たちがド・ゴール大統領のアルジェリア政策に反対し、アルジェを拠点に反乱を計画した。

北アフリカの特別な絆は保ちたいと考えていました。当初はアルジェリアの現実を知らなかったのですが、一九二七年にアルジェリア民族運動を始めたメッサリ・ハジ[*1]が、一九三〇年代の人民戦線の時代に活動を禁止され、投獄されたことなどを学んだのでした。

一九五四年、メッサリと中央委員会の間で意見の対立があり、若い活動家たちは万聖節に蜂起し、アルジェリア民族解放戦線（ＦＬＮ）を結成しました。メッサリも誘われたのですが、拒否しました。すると、ＦＬＮは彼をフランスの手先、アルジェリアに対する裏切り者と非難して、メッサリ派の粛清を始めました。

共産党員時代、私はトロツキストに対する卑劣な身体的かつ精神的な粛清を知りながらも沈黙を守った経験があったために、独立アルジェリアの父を冒瀆する同じようなケースを見て、黙っていることはできず、メッサリの名誉を守ることにしました。その後、アルジェで第二のクーデターが起こり、ＦＬＮ責任者の一人アッバーン・ラムダーン[*2]が自らの党によって暗殺されたとき、私はフランスとアルジェリアの双方が軍事的独裁政権に陥ることがないように、和平のための緊急交渉をすべきだという立場を取りました。フランス側はド・ゴールの政治的才能によってこれを回避できましたが、アルジェリアは違いました。私は逸脱者であり、FLNをほとんど神聖視していた連中からも、フランスのアルジェリアを支持する人びとからも理解されず、罵倒され、OAS〔アルジェリア独立に反対する極右の秘密軍事組織〕のテロの標的にもなりました。同じように、数年後、イスラエルの占領下にあるパレスチナ民族の運命に対する私の同情のために、私は無理解と侮辱と中傷の的になり、それは今でも続いています。

私がこれらのことから引き出した教訓は、真実と名誉が問題になっているときは、孤独と逸脱を受け入れねばならないということです。無理解を甘んじて受け入れること、呪詛や錯乱や憎悪に屈しないことです。

＊3（135頁）アルジェリア戦争に反対する知識人たちの集まり。

＊1 一八九八～一九七四。アルジェリアの民族運動の指導者。一九二六年、北アフリカ出身の移民の共産主義組織「アフリカの星」（ＥＮＡ）を設立したが、フランス政府によって非合法化され、逮捕。三七年にはＥＮＡに代わるアルジェリア人民党（ＰＰＡ）を作ったが、再び逮捕。第二次世界大戦後、四六年にＰＰＡに代わって「民主的自由の勝利のための運動」（ＭＴＬＤ）を作るも、若手強硬論者はメッサリと決別し、ＦＬＮを結成。メッサリはアルジェリア国民運動（ＭＮＡ）を結成してＦＬＮに対抗した。

＊2 ＦＬＮの内紛のため一九五七年モロッコで暗殺された。

しかし、一九五〇年代の包括的な教訓は、ソ連および人民民主主義の体制、そしてフランス第四共和政というけっして揺らぐことがないと思われた二つの体制が信じられない形で崩壊したことのうちに汲み取る必要があるでしょう。

「栄光の三十年」の裏面

西欧の経済的発展は、一九五五年頃に始まり、一九七三年頃まで続きました。フランスの経済学者ジャン・フラスティエが「栄光の三十年」[*1]と呼んだものです。

経済発展のおかげで生活レベルは向上しましたが、生活の質は低下し、個人主義は進みましたが連帯は後退し、移動性(自動車、観光、バカンス)は進みましたが、技術による拘束のために人びとはますます隷属するようになり、物質的な快適さが増加するのに比例するように人生の実存的な居心地の悪さも増し(これは一九六八年世代が漠然と感じたことです)、経済が日増しに覇権を握ることと、政治の劣化はリンクしていました。

知的次元では、構造主義が、人間の諸現象を認識するために、ローマン・ヤコブソン〔ロシア出身の言語学者〕の言語学を出発点とした方法をもたらしましたが、構造という観念が絶対視されたため、人間、主体、歴史は排除されました。

コルネリュウス・カストリアディス〔一九二二〜九七。ギリシャ出身のフランスの哲学者。マルクス主義を離れ、社会的関係の根源を精神分析的アプローチで探る。『社会主義か野蛮か』グループの主宰者の一人〕、クロード・ルフォールと私は、このような還元主義的で分離的な思考法に抵抗し、それぞれの仕方でマルクス思想を統合し乗り越える研究をしました。私の場合、それは複雑思考というものでした。

この時期、私の多方面にわたる教養と好奇心のおかげで、予測不可能であった現象が生まれつつあることを発見しました。一九六三年の「ナシオン広場の夜事件」〔前出四十八頁〕以降、私は自律的な若者文化が形成されつつあることに気づいたのですが、それは権威に対抗する若い反乱であり、我々の文明に大きな穴を開けることになる一九六八年の「五月革命」を予兆するものでした。

＊1『栄光の三十年間、または一九四六年から一九七五年までの不可視の革命』（一九七九年）。フランスが経済的に繁栄し、平均賃金と消費が高まり、社会福祉制度も大きく発展した時代。

この時期、私が意識したことは、西洋文明の否定的側面が増大するにつれ、肯定的部分は後退していくことでした。そこから、この事態を立て直すために「文化の政治」を構想し、一九九七年にエッセイ集としてまとめました[22]。

これらの日々から私が引き出した教訓は、経済や技術の進歩はしばしば政治や文明を代償にするということでした。そして、私の見るところ、これは二十一世紀ますます明白になっています。

エコロジーの自覚

栄光の三十年は一九七三年の石油危機によって終わりました。この危機そのものは第四次中東戦争の際にイスラエルを支持したことに報復する中東諸国の石油禁輸措置の結果でした。

私は、ヨーロッパがもはや世界を支配し植民地を持つ列強ではなく、中東の石油という点滴によってのみ生き延びる老いぼれに成り下がったことを発見しました。

私はそれまでこのような支配的で植民地的なヨーロッパのあり方に賛同したことは

ありませんでしたが、これを機会に、欧州の連合構想を信じました。世界に対して、平和で民主的なモデルとなりえたかもしれなかったからです。――しかし、その後は、失望に失望が続き、けっきょく私はこの希望を捨てました。

一九七二年、地球規模の重大な出来事が起こりましたが、その重大さに気づいたのはごく一握りの人だけでした。当時マサチューセッツ工科大学にいたデニス・メドウズ教授は、利潤至上主義の結果、経済と技術が暴走し、生物圏の破壊が進行していることを明らかにしました。動植物の多様性が被害を受けただけでなく、河川、海洋、都市、工業化された農業による土壌汚染、このような農業による食品、人工的に大量に飼育された動物などを通して人類全体にも被害が及びました。不可逆的に進行するこの生物圏の破壊を食い止めるためには、各国が新たな政策へと転換するだけでなく、国際協調も必要でした。

私はこの問題と脅威を意識した一人で、その年、「エコロジー元年」という題で刊行された講演を行っただけでなく、多くの論文を発表しました。

エコロジーに対する人びとの危機意識は部分的で緩慢にしか進みませんでした。いくつかの重大なカタストロフ、とりわけチェルノブイリとフクシマの事故があり、自然だけでなく、文化や人間のあらゆる領域で恒常的な悪化が認められたにもかかわらずです。私はたえずこの闘いの前線にとどまりました。

危機と戦争

一九七二年に採択された左翼の共同綱領[*1]を私は信じませんでしたが、フランソワ・ミッテランの大統領選出にはかなり満足していました。彼がレジスタンス期とアルジェリア戦争の最悪の時期に示した最良の面を知っていたからです。大統領としての彼の功績は保守政権支配からの政権交代を果たしたこと、死刑制度を廃止したことです。個人的な会食に呼ばれたことはありますが、私は彼の側近ではありませんでした。それでも、青年期の彼を扱い、レジスタンス期以前のヴィシー政権への関与を暴露したピエール・ペアンの本[23]が出版されて、攻撃を受けたときは彼を擁護しました。私たち自身はそういったことは一九四三年の時点で知っていました。

一九八〇年代は世界史の転換期でしたが、私たちはそれに気づいておらず、意識したのは徐々に、それもかなり遅くなってからでした。サッチャー政権（一九七九〜九〇）とレーガン政権（一九八一〜八九）の新自由主義的《ネオリベ》転回は、利益至上主義に対するブレーキを失い、世界のほとんど至るところに公共事業の民営化を引き起こすとともに、金持ちはより極端に金持ちに、貧乏人はより極端に貧乏になりました。

一九九一年、ユーゴスラヴィア紛争が勃発しました。クロアチアとボスニア＝ヘルツェゴヴィナが独立を宣言し、その後、コソボが西洋諸国の援助を受けて一九九八〜九九年にセルビアから独立しようとしました。

私はクロアチアにおけるセルビア軍の介入に反対しましたが、反セルビアにも、セルビア支持にも加担しませんでした。クロアチアの民族浄化のナショナリズムはセルビアのものと変わらないように思えたからです。一方、多民族からなるボスニア＝ヘルツェゴヴィナは支持しましたが、不幸なことに、戦況が激しくなり、親密な共存関係と民族と宗教の混合は破壊されることになりました。

＊1 一九七二年六月、フランス共産党とミッテラン党首による新生社会党は、国家機構の改革、経済の民主化・国有化、中小企業や農業問題に関して「共同政府綱領」を結んだ。

ユーゴスラヴィア紛争を通じて私が確信したことは、帝国（オスマン、オーストリア＝ハンガリー、ソ連）の解体が、民族や宗教の少数派を含む国を誕生させ、二十世紀の歴史的荒廃の一つとなったということです。西欧諸国（フランス、イギリス、スペイン）は、何世紀にもわたってきわめて多様な民族を統合することで形成されました。それに対して、新しくできた国は、少数派を浄化することを推奨し、民族や宗教の統一性という考えにもとづいて建設されたからです。

パレスチナの第一次インティファーダ[*1]（一九八七〜九二）の際には、中東がきわめて危険な地殻変動の地域であることを理解しました。イスラエルとパレスチナの対立だけでなく、オリエントとオクシデント、ユダヤ教、キリスト教、イスラム、石油利権と民族の権利などが、地域の権力と世界の列強を通じて対峙する場所なのです。

二つのイラク戦争（一九九〇〜九一、二〇〇三〜一一）、レバノン内戦（一九七五〜九〇）、恐ろしいシリア内戦（二〇一一年以来）などは外国の介入によって維持されましたが、私自身は別の地殻変動地帯にも注意していました。その地帯は、北はアルメニアやアゼルバイジャンまで、南はエチオピア、エリトリア、リビアまで広がっています。

これらすべての紛争においては、恐怖と誤謬《ごびゅう》が分かち難く結びついています。

グローバリゼーションが本格的に始まったのは、崩壊したソ連への資本主義の導入、中国の鄧小平によるポスト毛沢東主義、そして、世界中が電話やインターネットによって瞬時に繫がるようになってからのことです。グローバリゼーションとは技術と経済によって地球を一つにするプロセスです。しかし、その反動として、連帯のための別のグローバル化への渇望も生まれました。

二〇〇一年九月十一日、イスラム過激派によってハイジャックされた飛行機二機がニューヨークのワールド・トレード・センターのツインタワーに衝突しました。この未曾有の出来事は、まったく予想できなかったもので、イスラムのテロの狂信的な形態である過激な闘争としての「ジハード」を世界に知らしめました。しかし、もともとは、ソ連に侵攻されたアフガニスタンで、アメリカの援助を受けて誕生し

＊1 パレスチナ人による投石などの抗議運動。一九八七年十二月イスラエル占領下のガザ地区で起こった交通事故をきっかけに発生。一九九一年に和平交渉が始まり、一九九三年八月のオスロ合意を受けて沈静化した。

た闘争だったのです。それ以来、イスラム過激派組織は世界的な脅威となり、それはアラブ・イスラム諸国にとって（世界各地の犠牲者の多くはイスラム教徒でした）だけでなく、西洋やアフリカ諸国にとってもそうだったのです。

そして、最後に新型コロナウイルスによるパンデミック状況によって、地球規模であらゆる次元の危機が起こり、それは不安定さ、不確実性、不安の新たな要素となりました[24]。

第六章

わが政治的経験

——新たな危難

細分化された認識は大きな問題を扱うのには適さないことがわかりました。こうした思考様式の一方的で還元主義的な側面を批判し、拒否しなければならないと心底思いました。政治思想全般、とりわけ社会主義思想が空虚だと気づき、マルクスを再検討するとともに、人間、人生、世界を新たな認識によって再考し、さらには思考そのものを考え直し、一つの政治思考を再構築する必要があることがわかりました。こうして、私は複雑な認識と思考の原則を導き出すために、さまざまな認識を経巡る大旅行を企てたのです。

科学と政治

二十世紀、二十一世紀の物理と生物学の途方もない発展によって、倫理と政治に関して次第に深刻な問題が提起されるようになりました。じっさい、科学が十七世紀以来、自律的に発展することができたのは、あらゆる価値判断、つまり倫理や政治についての判断を捨象したからでした。多くの社会において科学の役割は次第に巨大なものになりました。原子物理学の進歩によって、核兵器が創造され、使用され、拡散されました。量子物理学の進歩によって、ＩＴが長足の進歩を遂げました。遺伝子工学、そして広く生物学の進歩は、胚子や人間への操作を引き起こしました。

ところが科学そのものは、内部にいかなる倫理的防壁も持っていません。倫理は、世俗的であれ宗教的であれ、外部のモラルからしかやってこないのです。国家は人類にとってのダモクレスの剣と化した核兵器という権力を手にしました。損得が遺伝子を奪い、科学者はビジネスマンに変わっています。一方、医学研究は多国籍企業の製薬会社によって独占され、もっぱら収益の高い治療薬の開発を行い、収益の低いものには手を出しません。こういった危険な発展が、今日では新型コロナウイルスのパンデミックによりさらに深刻化し、「良心なき知識は人間の魂を滅ぼす」『ガルガンチュアとパンタグリュエル』という古《いにしえ》のラブレーの名言に暗い現代性を与えています。

我らが運命共同体

『祖国地球』を出版したときから私は、技術と経済のグローバリゼーションは人類全体を運命共同体となし、それは惑星規模の経済爆発、生態系の破壊、核兵器の拡散による危険のうちにあることを意識していました。不幸なことに、この意識は深まることも拡大することもありませんでした。

その後、技術と経済のグローバリゼーション（破滅に向かってのでしょうか）、世界に広まる利潤の支配や民主主義の危機、政治的独裁や経済的支配（この二つはしばしば結びついています）に対する反逆のほとんど全面的な失敗、これらが引き起こした邪悪な結果についてより深く理解するようになりました。

最後に、欧州をはじめ世界中で、議会制を装う権威主義的政治制度が形成され、とりわけ中国の新全体主義が、電子監視体制によって打ち立てられたことは、二十一世紀の初頭から世界的に退行が起こっていることを証言しています。

私の経験の最も大きな教訓の一つは、野蛮さは常に戻ってくる可能性があるということです。歴史的に獲得された進歩で逆行することがないものなどけっしてありません。

複雑思考

新型コロナウイルスのパンデミックによって起こった地球規模かつ複数の領域にまたがる巨大な危機の経験によって、複雑思考が必要であり、人間の冒険《アドベンチャー》の複数性を意識して行動する必要があることが明らかになりました。

私は五十年かけて一つの〈道〉を作り上げてきました。それは「方法《メソード》」（「この言葉の語源である」ギリシャ語のメトドスは道の行程ないしは探究を意味します）や「道教《タオ》」（中国語で道、道路を意味します）と名づけることができるものです。私は、全六巻からなる『方法』、教育改革に関する四冊の本[25]、そして『道』[26]と『道を変えよう』[27]という二冊の政治的提言のうちで、それを作り上げました。

しかし、この必要性は、大部分の政治家、経済学者、技術官僚、起業家には理解されず受け入れられず、同国人の大部分からも無視されました。資本主義が今ほど強力で覇権的だったことはありません。それは農業を飼い慣らして産業とし、消費を広告の影響下に置き、サービスはウーバー化し、ITの世界と情報技術はGAFAの手中にいます。資本主義は、パンデミックの間に力が増大した製薬産業を介して人びとの健康にも君臨し、ロビー活動によって政府や欧州および国際機関に寄生しています。人びとが夢遊病状態、迷妄状態にあるなかでこういったことは進行しているのです。

私たちの目の前には何があるでしょうか。散り散りになった意識、弾圧される反抗、連帯のための団体、社会主義的で連帯的な経済が少しあります。ところが、いかなるまとまりのある政治的な力も、私が奨励する指針となる思考を備えていません。私は最悪のものが起きるかもしれない、いや、起こる確率は高いと予測します。しかし、最悪なことが確実に起こるわけではありませんし、起こらない確率も高く、それは予測不可能なことも同じなのです。

こうして、時が経つにつれ、私は複雑な認識と複雑思考を用いて自らの政治的考えを少しずつ構想してきました。複雑な認識と複雑思考そのものが、私の政治的自覚と不可分であり、政治的自覚を促すと同時に、政治的自覚によって促されてもいます。

私は、想定外の出来事によって引き起こされた驚き《サプライズ》に従って、自分の思想を再検討する必要性も忘れてはいません。それは一万キロごとに自動車のエンジンを点検するようなものです。

再生した人文主義《ヒューマニズム》

以来、私の考えはすべて人間学的・生物学的・経済環境的・政治的なものです。それは複雑思考に属しているのみならず、私が再生したヒューマニズムと名づけたものにも属しています。それについては『道を変えよう』という本で説明しました。「再生した」という表現を用いたのはすでにモンテーニュがこの問題について二つの文で簡潔に述べているからです。「私は人間すべてを同胞だと考えている」〔『エセー』第三巻九章「空しさについて」〕、「人は自分の習慣にないものを野蛮と呼ぶ」〔『エセー』第一巻三十章「人喰い人種について」〕と。

再生した人文主義《ヒューマニズム》の基盤は人間の複雑性を認めることです。出自、性別、年齢とは無関係に、あらゆる人間に対して、人間としての性質、十全な権利を認めることです。それは連帯と責任という倫理に立脚し、〈祖国地球〉(複数の国が包まれ、それぞれ尊重されます)という惑星規模でのヒューマニズムを構成します。

ですから、ヒューマニストであることは、危険、不確実性、危機(民主主義や政治思想の危機、利潤追求が引き起こす危機、生態系の危機、そしてパンデミックという複数領域の危機)が運命共同体として私たちを結びつけていると考えることにとどまりません。私たちがみな違っていながら同じ人間であることを知るだけのことでも、カタストロフを逃れ、よりよい世界を希求したいということだけでもありません。ヒューマニストであるということは、自己の最も奥深い部分で、自分がある途轍もない冒険《アドベンチャー》のほんの一瞬にすぎないと感じることでもあります。この冒険《アドベンチャー》とは生命の冒険《アドベンチャー》のことであり、人類の冒険《アドベンチャー》を誕生させたものなのですが、今やさまざまな創造、苦悩、災厄を通して、種の存亡に関わる巨大な危機状態に達しています。再生したヒューマニズムとは、人間共同体や人間の連帯の気持ちのみならず、未知で信じ難いこの冒険《アドベンチャー》の内部にいるという感情、そしてそれが、そこから新たな生成が生まれる一つの変身の方へと続いていくことを願うことでもあります。

ときとともに、ますますはっきりと見えてきたことは、物理学や生物学の世界において、連合や統一の力が分散や破壊の力と結びついていることです。

この弁証法は、エロス〔愛〕、ポレモス〔戦い〕、タナトス〔死〕の間の断ちがたい関係によって象徴できるでしょう。タナトスが最終的な勝者であるように思われますが、私にとっては、何が起ころうとも、エロスを選ぶことによってのみ人生に意義があることは明らかだと思われます。

第七章

誤りを過小評価するという誤り

私の道

私は十八歳のとき自分の進む道を見つけ、カントによって定式化された大いなる問い、つまり、何を知ることができるか、何をしなければならないか、何を望むことが許されているか、に従って進んできました。

カントは、これらの問いに答えるためには人間を知らねばならない、と言いました。私はそれに加えて、人間の認識に関係する感覚や脳や精神の条件、さらにはあらゆる認識に影響を与える歴史・社会的条件の認識も知らねばならない、と言いたい。そのために、『方法』の主要な二巻『認識の認識』と『観念』を書きました。

じつを言えば、私は万年学生なのです。つまり、学びを続け、再考の作業現場でやり直しを続けてきました。当然のことですが、歴史の激変によって刺激を受け、私はたえず考え直すようになりました。これは、問いかけの雑誌であった『アルギュマン』や著作『自己批判』の時代から、その後のカストリアディスやルフォールなどと作ったＣＲＥＳＰ（社会・政治調査考察サークル）、ジャック・ロバン〔一九一九～二〇〇七。医師〕主宰の十人会[1]、その後はカリフォルニアのソーク研究所、続いて「人間科学のためのロワイヨモン・センター」、そして最後は、一九七七年から二〇〇四年までかかって刊行された『方法』全六巻まで続けられました。私は、多様な認識を結びつけ統合するために〈方法〉を用いたのであり、それはまた我々が耐えなければならない日増しに深刻化する歴史的条件を検討するためでもありました。

それでも、私の人生の冒険《アドベンチャー》と分離できないこういった認識の冒険《アドベンチャー》の間にも、私は絶えず、誤りと幻想の問題に付き纏われたのです。

わがいくつかの誤り

まず最初に言っておきたいことは、誤りや幻想に陥るリスクは人間すべての生活において、つまり、個人、社会、歴史のレベルでも、またすべての決定、行動、いや、棄権においてさえも、常に存在し、それがときには災厄に通じるということです。

私はここで自分の評価や判断の誤りすべてに触れることはできません。思春期と青年期の二つの大きな誤りについてだけお話しします。当時はどちらも大いなる真理だと思われたものでした。

第一の誤りは、思春期の平和主義です。第一次世界大戦の不条理と恐怖を体験した前の世代は平和主義者でした。その影響を受けた十歳から十二歳の頃の私に強烈な印象を与えた、三本の映画があります。ドイツの映画監督ゲオルク・ヴィルヘルム・パプストの『西部戦線一九一八年』〔一九三〇年〕、アメリカのルイス・マイルストン監督の『西部戦線異状なし』〔一九三〇年〕、フランスのレーモン・ベルナールの『木の十字架』〔一九三〇年〕です。

ヒトラーがオーストリアを要求し、ついで併合したとき、チェコスロヴァキアの

＊1 一九六九年から七六年まで活動。ジャック・アタリ、ミシェル・セールなどが参加。サイバネティクスと情報理論などを用いて、政治や経済はもとより、男女関係など、さまざまな社会問題を議論。

ズデーテン地方［ポーランド南西部シレジア地方との境界をなす地帯］を要求し、ついで併合したとき、ダンツィヒを要求したとき、私はシモーヌ・ヴェイユ［一九〇九〜四三。ユダヤ系の哲学者］と同じように、これらの地域の住民はドイツ人であり、第三帝国に統合されることを望んでいるのだから、民族自決の権利に反対することはできないと考えました。ミュンヘン会談の譲歩はこの方向に進むものだと評価する一人だったのです。こういった譲歩によってドイツは落ち着き、国際協調に戻るだろうとさえ思われたのです。要するに、一九三九年の時点まで、戦争は回避できると考えていたわけです。

この見方のために中核となる現象を捉え損ねました。つまり、ある国が巨大な拡張主義によって覇権を取ろうとし、アーリア人種を支配者とし、ヨーロッパ、とりわけスラブ民族を植民地化しようとする人種主義的考えに取り憑かれていることがわからなかったのです。この点こそが、競合する帝国主義間の紛争から生じた第一次世界大戦とは決定的に違う点でした。

私の誤りは、譲歩すればナチズムは満足して穏健になり、人道的になるだろうという幻想の上に立脚していました。ところが実際には反対で、この譲歩によってさらに図に乗らせてしまいました。私が忘れていたこと、あるいは見たくなかったことは、それがドイツの伝統的な国粋主義でも復讐心でもなく、人種的優位という信念に突き動かされた力の暴発だったということです。この信念によって、ドイツは勝利から勝利へ、虐殺から虐殺へ、そしてついには災厄にまで進んでいきました。

フランスを打ち負かした後、ソ連と闘う前までは、欧州の主人となったドイツは遅かれ早かれヒトラー主義を乗り越え、かつてのパクス・ロマーナ（無慈悲な征服のあと、アントニヌス勅令によって帝国内の全自由民にローマ市民権が与えられました）にも似たパクス・ゲルマニカに至るだろうと私は考えていました。ドイツが次第に人道的になり、ナチズムは解消され、人文主義的《ヒューマニスティック》で複数的な文化へと立ち戻るだろうと思っていたのです。しかし、ヒトラーがアーリア人の「生存圏」の名の下にソ連を攻撃せざるをえなくなることを考えるべきでした。

その後は、一九四一年末にモスクワがギリギリのところで抵抗し、そのすぐ後、真珠湾攻撃があって米国が参戦し、戦争は世界に拡大したわけですが、これらが私の二つの大きな誤りを決定的にしました。

思春期の私の教養は根本的に反スターリン主義的でした——ボリス・スヴァーリ

ン〔一八九五～一九八四。キーウ出身のフランスの社会活動家。本名ボリス・リフシッツ。フランス共産党創設者の一人〕やヴィクトル・セルジュ〔亡命ロシア人を両親に持つフランス人作家。『革命元年　ロシア革命第一年』『仮借なき時代』〕を読んでいましたし、モスクワ裁判への嫌悪感やスターリン的な狂信主義へのアレルギーも知っていました――ところが、私はソ連のさまざまな悪徳に関して、それらをツァーリ時代の後進性の遺産と資本主義による囲い込みのせいだと考えることで、見方を変えてしまったのです。ジョルジュ・フリードマンの著書『聖なるロシアからソ連へ』[28]によって蒙を啓《ひら》かれ（たと思い込んで）、ソ連の人民たちの教育、衛生、健康、平等について肯定的と見える側面を発見しました。ソ連をおぞましい過去にもとづいてではなく、抑圧された人類の未来の解放者と見なすべきだという考えによって、思春期に教養が私に教えたはずのすべてに対して自ら目を閉ざしてしまったのです。そして、少しずつ、共産主義への転向の道を歩み始めました。ただ幸いなことに、私は共産党のなかだけに閉じこもっていたわけではなく、非共産党系のレジスタンス運動の責任者にもなったのです。

　輝かしい未来への希望は、戦後、冷戦やスターリンによる新たな氷河期によって少しずつ崩れていきました。私の転向と再転向については自著『自己批判』で詳《つまび》らかに語っています。この本は私を救済する治療であり、意識化の作業であったわけですが、これによって狂信主義、党派性、政治の嘘、悪意ある対人論証に対してその後は完全にアレルギー反応を持つようになりました。

私は自分の誤りを後悔していると同時に後悔していません。というのは、これらの誤りは私に絶対主義的宗教世界のうちに生きるという経験を与えてくれたからで、あらゆる宗教と同じく、固有の聖者、殉教者、拷問者がいました。それは、ときに最良の人をも幻覚に迷わせ、退行させ、破壊する世界でした。スターリン主義のうちで過ごした六年間は、私に幻想と誤りと政治の嘘の力について教えてくれました。

誤りはどこから来るのか

生まれたときから、外部世界への適応は試行錯誤を通じて行われ、これは一生続きます。

認識は誤りを犯すリスクなしでは成立しません。しかし、誤りは、それと認識され、分析され、乗り越えられたとき、ポジティヴな役割を演じます。「科学的精神は修正された誤りの総体の上に構築される」とガストン・バシュラール〔一八八四～一九六二。フランスの哲学者。科学認識論に精神分析の概念を導入し、合理性の相補性として詩的想像力を用いた。『火の精神分析』〕は言っています。

誤りは、それを意識するとき、私たちを教育してくれますが、その多元的で恒常的な源については教えてくれませんし、その巨大で、しばしば有害な役割については告げることがありません。

誤りは一般に過小評価されていますが、それは誤りが認識そのもののうちに端を発していること、誤りがあらゆる生において、また生全体に対して脅威であることを意識していないことに由来します。

誤りは人間の認識と切り離すことができません。なぜかというと、認識はすべて再構成した後からの解釈だからです。そして、あらゆる解釈は、あらゆる再構成と同様、誤りのリスクを含んでいます。そもそも視覚のような感覚による認識にしてからがそうです。光子が網膜を刺激し、網膜はそれを二進法のコードによって光学神経によって伝達されるメッセージに解釈し、それが再構築され、すぐさま脳によって知覚へと変形されます。

ところが、知覚が不十分（近眼、老眼、難聴）であったり、見る角度や注意散漫や習慣性、とりわけ情動によって攪乱されることがあります。例えば、自動車事故の証言は、しばしば異なり、互いに矛盾したりします。このように、私たちの最良の証人である感覚ですら私たちを欺くのです。

観念や理論は知性による再構成ですが、誤るだけでなく、欺くものでもあります。記憶も誤りのもう一つの源です。記憶は脳に痕跡を残した構築物の再構成だからです。なんと多くの意図しない誤りが追憶や思い出のうちにあることでしょうか。

コミュニケーションも誤りの源です。このことはすでにクロード・シャノン［一九一六〜二〇〇一。米国の電気工学者、数学者。情報理論の考案者］が指摘しています。発信者と受信者の間の聞き違いや誤解は争いの源になることさえあります。

不確実であったり、生命の危険があったりするときの誤った決断は最悪の結果を引き起こしかねません。

嘘は、当然のことですが、それが信じられた場合は誤りの源となります。しかし、最悪の嘘、その解毒剤が自己批判の精神のうちにしか見つからない嘘は、イギリス人が self deception［自己欺瞞］と呼ぶ自分自身に対してつく嘘です。嘘をつく者が同時につかれる者なのです。この現象は、広く普及しており、自尊心が満足されなかったり、恥ずべきであったり、不都合だったりする真実を人は自分自身に隠します。

最後に、信頼できると思った証言にもとづく情報によって欺かれることもあります。先に述べたように、一九四一年イギリスへのドイツ軍上陸が失敗したという偽の噂がまことしやかに広まったのがその例です。[*1] 英国は沿岸にガソリンを撒いて、ナチスの艦隊が到着すると火を放ち、ドイツ軍は船もろとも命を失ったとされました。オルレアンの噂も同じです。ユダヤ人の経営する洋品店の試着室で若い娘たちが消えたという話を教員たちでさえ信じ込みました。[*2]

より広範囲に拡散したものでは、強制収容所という常軌を逸したシステムを隠し、想像上の天国を賛美したソ連のプロパガンダに何千万もの人が騙されました。中国の文化大革命が共産主義の進歩のための偉大な一段階であると信じた何千万という人がいました。実際には、それは何千万人もの犠牲者を出した大殺戮でした。

今ではフェイクニュースと呼ばれる偽の情報に対してどのように備えればよいのでしょうか。経験が私に示したことによれば、情報がきちんと収集できない危険性は、その出来事に関して複数の情報源と、異なる意見とを得られない場合、大きくなります。逆から言えば、この二つの複数性によって、私たちは自分の見解を持つことができ、誤りを避けることがしばしば――常にではないですが――できます。

そもそも、科学理論の特性は反駁《はんばく》可能性にあり、科学の活力は理論と観念の争いを受け入れることにあります。言い換えれば、科学は誤りを取り除くのではなく、自らのうちに誤りの可能性があることを認めるのです。あらゆる誤りを取り除く絶対的な〈真理〉の避難所などというものは、〈神学〉や狂信的な〈信仰〉のうちにしか存在しません。

他方で、情報を得ること、学習すること、自分の認識を定期的に検証し続ける必要があると私は考えています。絶えず変化する世界においては、十年ごとに自分の世界観を見直すことはたいせつです。一九九〇年以前の優先課題（冷戦、二極化し

＊1 ドイツ軍は「アシカ作戦」と呼ばれる英国上陸作戦を立てていたが、実施されることはなかった。
＊2 モランはこの件についての本を書いている。『オルレアンのうわさ』杉山光信訳、みすず書房、一九九七年。

た世界）は、ソ連崩壊後（経済のリベラリズムとグローバリゼーション）と、ワールド・トレード・センターのツインタワー破壊後（イスラム過激派によるテロ）とでは同じはずがありません。どの転換点も想定外に思われました。ソ連の崩壊を予言した人は稀ですし、誰一人として、この大転換が共産党書記長その人によって行われることを予見できませんでした。同じように、誰一人として、自爆する二機の飛行機が米国の経済的支配の象徴にとどめを刺すことを予見できませんでした。人間の歴史は、事後的にはかなりの程度で理解可能ですが、事前にはいつでも予測不可能なのです。

複雑さを周囲からすっかり捉えられないことも誤りの源です。この弱点は、我々の知が分離され、閉じた学問領域にタコツボ化されているためにより大きなものになります。じっさい、二〇二〇年の新型コロナウイルスによる危機は、生物学、心理学、経済、社会など複数の要因間の相互作用や反作用によるものです。そのために、多元的な要素からなる危機を、その要素の一つに還元しようとする傾向、真理の一部を真理全体と捉えようとする傾向が生じます。ところが、部分を全体と取り違えるあらゆる認識は誤りなのです。

行動のエコロジー

あらゆる決断は、決断の結果なされる行動の環境が複雑である場合、つまり不確実である場合は、賭けを含んでいます。なんと多くの政治的決断、軍事的決断、あるいは単に個人的決断が、成功や勝利を約束されていながらも、失敗、敗北、災厄に至ったことでしょうか。なんと多くの革命的な活動が、それらを呑み込む反革命運動を引き起こしたことでしょうか。なんと多くの反動的な企てが、彼ら自身を滅ぼす革命を引き起こしたことでしょうか。だからこそ、あらゆる活動は、偶然や新たな情報に応じて変更しうる戦略に従うべきだという意識を持つ必要があります。このことを模範的に示したのが、第一次イタリア戦役の若き将軍ボナパルトであり、アウステルリッツの戦いにおけるナポレオン皇帝です。[*1]

合理性の病

私たちは理性（それは演繹と帰納の上に成り立っています）と外部世界に関する感覚与件の間の一致が適切な認識だと考えており、それは確かに正しいことです。

しかしながら、合理的な理論は、それを覆す新たな与件を無視したり、対立する論証を検討することなく拒否するとき、ドグマのうちに閉じこもる傾向があります。教条主義《ドグマティズム》は、理性を硬直化させる病ですが、理性は可能な反駁に対して常に開かれていなければなりません。

理性は論理的な構築ではあるものの、誤った前提から出発した合理化のリスクも含んでいます。例えば、隣人が私のことをスパイしていると思い込んでいる場合、私は彼のあらゆる行動をスパイ行為の兆しと解釈してしまうのです。

範列《パラダイム》的思考の盲点

私が『方法』第三巻で示したように、私たちの合理性は無意識のうちに範列《パラダイム》によって導かれています。この範列こそが認識の構成を制御し、全体及び複雑な現象に関する認識の様態、つまり分離と還元の作業をさせるものです。ところが、そのために私たちの認識の核心で盲点が生まれます。

まずは分離という盲点です。諸現象は膨大な数の相互作用や反作用によって結びついていますが、閉じた領域の学問のタコツボ化のためにこの結びつきが見えなくなっています。ある生物に関する認識は、その文脈《コンテクスト》から切り離して考えることはできません。あらゆる生命体は自らの環境に依存しているからで、生きるためにそこでエネルギーや情報を汲み取らなければならないからです。

さらに一般的な話で言えば、複雑さを隠蔽すること、つまりタコツボ化した学問領域に属すさまざまな構成要素の間には不可分な関係があるのに、それを隠蔽する

＊1（171頁）イタリア派遣軍司令官に任命されたナポレオンは一七九六年から九七年、戦場の動的状態に好機を見つける戦法で、オーストリア軍に連戦連勝し、北イタリアの諸都市を解放した。一方、皇帝戴冠式のちょうど一年後の一八〇五年、優勢なロシア・オーストリア連合軍とアウステルリッツで対峙していたナポレオンは、情勢に応じて戦略を変え、勝利した。

ことで誤りに至ります。

次に還元の盲点があります。全体を認識したならば、構成要素の認識に向かうことになります。ところで、多様な要素からなる組織を全体として見るとき、要素に分解して捉えたときには存在しない性質が現れます。それは突然現れるのです。こうして、生物の複雑な組織体は、それを構成する分子には見られない性質を生み出します。例えば、自己増殖、自己修復、食物摂取、認識行動などです。これらの性質は個別に取り出された要素からは演繹することも帰納することもできません。組織体の論理は古典的な論理を逃れるのです。

それ以外の盲点の原因も知る必要があります。

- 問題の斬新な性格、過去の似たような経験の忘却、不適切な比較にもとづく推論。
- 自明だと思いこんだ固定観念を出発点にすることや、緩慢で不安定な仕方で展開することで、問題が検出されないこと。
- 認識や技術手段の限界などによる解決策の失敗、介入が限定的であったり遅すぎたりすることによる解決策の失敗。

- 一般利益を隠してしまう個別利益に従った行動。

適切な認識

以上のことから、私たちを導く心にとめておくべき原則を引き出せると思うので、それを以下にまとめてみます。

前文

常識なり自明だと思われることについても驚き、問い直すこと。つまり、問題意識を持つこと。科学や哲学や思考の発展はルネサンス期に問題意識によってなされた。世界とは何か、人生とは何か、人間とは何か。神とは何か、神は存在するのか。問題意識は懐疑を生むが、懐疑とは精神の解毒剤であり、精神は懐疑をも懐疑しなければならない。懐疑は批判精神を生むが、それがほんとうの批判精神たりうるのは、自己批判ができるときのみである。

第一の命法

あらゆる認識対象を文脈《コンテクスト》のうちにおくこと。現象も行動も文脈のうちでしか考えられない。多義的な言葉が意味を確定するのは文のうちにおいてであり、文はテクストのうちにおいてのみ意味を持つ。生きとし生けるものはすべて、生態系および社会の文脈のうちでエネルギーと情報を汲み取ることによって自律性を養うのであり、切り離して考察することはできない。

第二の命法（より一般的なもの）

複雑性を認めること。つまり、個人や出来事や現象について、多元的で、ときには対立なり矛盾を含んだ様相を認めること。

第三の命法（さらに一般的なもの）

自律的で独自なものを識別し、接続したり、組み合わせられたりしているものを結びつけること。小学校から始まるあらゆる教育の授業は、人生という誤りと真理からなるゲーム[29]に立ち向かうための準備を含んでいなければならない。

それぞれの人生は不確実な冒険《アドベンチャー》だ。選択を間違えることはありうる。友人、恋人、職業、医療、政治、どの分野においても。誤りという亡霊が常に私たちの後ろをついてくる。一国の責任者の判断や決断の誤りの結果は国全体にとって災厄となり、死をもたらすこともありうる。

じっさい、認識はきわめて困難な技術なのであり、補助として、何が誤りや幻影を引き起こすのかを認識することや、自己検証や自己批判が行われる必要がある。

信条告白《クレド》

ときに私は、生のうちにある愛の虜《とりこ》となる。なんという美しさ、なんという調和、なんという深い統一性、なんという相互補完性と連帯が、生き物たちの間にあるのだろうか。どのような創造者の力が、どれも独特である夥しい種類の動植物を発明したのだろうか。ときに私は生のうちにある残酷さの虜になる。生きるためには殺さなければならない、その破壊的なエネルギー、戦い、そして常に死が勝利するのだ。だが、私はこの二つの相反する真理を集結し、維持し、分かち難く結びつけることに成功する。生は贈り物であり重荷である。生は素晴らしくも恐ろしい。

我々が今や認識しているのはこのような宇宙だ。我々の目には完璧な調和、見た目は永遠なように思われる。しかし、科学の目からすれば、拡張、混沌、爆発、星々の衝突、信じられないほど無数にあるブラックホールに恒星が呑み込まれ、ついには取り返しのつかない形で破壊され、分解される。この宇宙における生はおそらく唯一——周辺的な太陽の小さな惑星のなかで——であるが、いずれにせよ余白の存在だ。

もちろん、同じ二律背反が、個人の人生という物語［＝歴史］の場合と同じように人類の物語［＝歴史］においても分離できないものとして私に現れる。数多くの善良さ、寛容、献身。それと同じくらい多くの悪意、卑劣さ、エゴイズム。数多くの知性、機転、創造的天才、それと同じくらい多くの愚かさ、思い込み、幻想、誤り。人間の精神のなかの想像的なもののなんと素晴らしくも恐ろしい力が、詩、文学、芸術の傑作を創造し、また同時に、自分の創り出した神々や神話を崇拝したり嘆願することで、それらに隷属することか。

あらゆる存在——同時に波動でもある粒子から、数十億のニューロンの間の相互作用と切り離すことができない人間の魂に至るまで——が持つこの二面的で多元的な側面、この複雑さ。これこそが私の心にいつも浮かぶことだ。これがさまざまな経験から私が引き出した第一の教訓だ。

十三歳のとき、懐疑と信仰という二つの矛盾する啓示があり、それがけっして消えることのない刻印を打った。アナトール・フランスの『シルヴェストル・ボナールの罪』[*1]を読んで、「微笑した懐疑主義」（作者の言葉を借りれば）が、〈私の真理〉に侵入した。ドストエフスキーの『罪と罰』を読んで、私は、信仰と懐疑の間の相互補完性を発見した。パスカルの場合と同じく、私の信仰の対象が神であったことはけっしてなく、人間への兄弟愛だった。

私はドストエフスキーからとりわけ共感と人間の複雑さというメッセージを受け取った。貧しい人びと、辱められ虐げられた人びとへの共感は私から離れたことはない。この共感は今日これまで以上に強くなっている。数多くの人びとが出自や肌の色のために辱められているからだ。ドストエフスキー作品の女性登場人物たちの厚み（『白痴』のナスターシヤ・フィリッポヴナや『カラマーゾフの兄弟』のグルーシェンカ）や男性登場人物たち（『悪霊』のスタヴローギン）は、人間の魂の複雑さにつ

＊1　フランスのノーベル賞作家アナトール・フランスの中篇小説。その懐疑主義は『エピクロスの園』などのエッセイ集に表明され、日本では芥川龍之介が影響を受けて『侏儒の言葉』を書いた。

いて教えてくれた。

そして、私はヘーゲルのおかげでこの複雑さが普遍的であることを自覚した。罪を犯した人間を罪人として扱うなら、その人の人格、行為、人生からあらゆる別の側面を排除してしまうことになるというのだ。私は殺人者の贖罪《しょくざい》の可能性も信じている。私が交際した収監者が罪を贖《あがな》ったことを知っている。


モンテーニュを最初に読んだときから、私の懐疑主義は深められ、自己批判を引き起こした。その後は、ヴォルテールとルソーを読んだ。二人は対立のうちで補完しあっている。同じことが啓蒙主義とロマン主義、合理性と神秘主義（神なしの）、目に見えぬものと見えるものの間にもある。これらの読書のおかげで、私は人間という存在には、人の個々の歴史には、我々を運びさる大いなる〈歴史〉には二重で多元的な側面があると深く感じるようになった。

誰もが、自分のうちに「わたし」と「わたしたち」、個人主義と共同体主義、利己主義と利他主義という補完し合う二重の命令を持っている。

二重の命令という意識は、歳月を経るにつれ私のなかに深く根を下ろした。それは愛と驚嘆の能力を培い、強化するよう常に私を促した。それと同時に世界の残酷さには頑強に抵抗するように。

最後に述べたいことは、人間の複雑さを意識することによって、思いやりの気持ちを抱くようになることだ。思いやりを持つことで、他者の欠点や欠陥だけでなく、意図や行為における長所をも見ることができる。

私は善い人間だろうか。私は自分が温厚であり、意地悪ではなく恨みっぽくないことを知っている。攻撃的でもない。

私は思考の闘争を好むが、対人論証は憎む。私は、アレクサンドル・デュマの『モンテ・クリスト伯』を読み、多くの西部劇を見たから、復讐の快感がよくわかる。しかし、実人生では復讐しようと思ったことはない。

確かに、私は愛想のいい性格で、権力欲がないので、思いやりを抱くことに適している。

一方で、少年時代から現在に至るまで強い承認欲求を感じてきたし、私の仕事がその貢献と高い質により人びとに知られることを望んでいる。私の仕事は初めから常軌を逸していたので（私の認識についての考えは今もそうだ）、無理解、軽蔑、皮肉に晒された。

作家、哲学者、学者というものは、度を越した承認コンプレックスに悩む。彼らの誰もが、天才とまではいかなくとも、同業者中のトップとして認められたいと望む。発表する著作の一冊一冊が、著者に栄光に満ちた運命をもたらしうる可愛い我が子なのである。

そのために、誇りや虚栄心があり、軽蔑、悪意、ときには中傷が、ライバルに対して最悪の場合は敵と見なす相手に対してなされる。複雑性の名の下に物理学や生物学の知見を私の書物のなかに組み入れたとき、それらの所有者だと思っていた人びとは、自分の富を盗む密猟者であるこの私めがけて集中砲火を浴びせた。

さらに付け加えておけば、私が行ったあらゆる善行は、最初は理解されなかったり、間違って判断されたりした。ところが、私自身は型破りや反抗者であろうとしたわけでも、それを望んだわけでもない。しかし、精神の自律によって期せずして人とは違う道に進むのだ。無理解や不評を受け入れねばならない。

最後に言いたいことは、善良であることはよいことだし、善を目指すことで気分はよくなる。複雑さを意識することで、さまざまな存在や状況や出来事の異なり矛盾し合う側面を知覚することができるし、それに気づくことで思いやりを持つようになる。私の最後の教訓、あらゆる経験の果実である教訓は、開かれた理性と人への思いやりがともに働く善循環のうちにある。

覚書

不確実性のうちで生きる

生きるとは、不確かな大洋を航海することだ。ときどき確かな島々で食料や物資を補給しながら。

予期せぬ事態を予期せよ。

人間の歴史は事後的にはおおよそ理解が可能になるが、事前には予測不可能だ。

歴史上獲得されたもので不可逆的なものは何もない。

人間は善でも悪でもない、複雑で移り気なものだ。

目先のものに囚われるとき、精神は偏流する。

リスクを全面的に排除しようとすれば、人生を全面的に排除することになる。

用心の原則が意味を持つのは、行動やイノベーションに不可欠なリスクの原則と結びついたときのみである。

未来への道は源泉への回帰を通じてなされる。

希望とは希望し得ぬものを待つことである。

精神衛生

憎悪を持たぬ者は、狂気を免れる。

告発によってではなく、論証によって論破すべきである。

あらゆることに答える教義《ドクトリン》よりも、あらゆることに問いを立てる複雑性を選ぶこと。

よく老いるためには、自分のうちに子どもの好奇心と、思春期の渇望と、大人の責任を保たなければならない。そして老いのうちで、それまでのさまざまな時期にした経験を抽出しようと試みなければならない。

私は絶えず、人間性のうちに残酷で、苛酷で、無慈悲なものがあること、人生のうちには恐ろしいものがあることを見てきたし、人間性のうちには高貴なもの、寛大なもの、善良なものがあり、人生が人を魅了し驚嘆させるものであることも見てきた。

私たちはしばしば倫理的な矛盾に直面する。あらゆる人の人格を尊重し、その人にとって聖なるものを侮辱しないこと、それと同時に、聖なるものとして押しつけられた信仰を尊重しないことによって賦活された批評精神を実践すること。

自己批判は精神衛生のために不可欠である。

低次元で現実主義者（目先のものに順応する）にならないこと、低次元で非現実主義者（現実の強制を免れる）にならないことは重要である。複雑な次元で現実主義者であることは重要である。それは現実の不確実性を理解し、まだ見えぬ可能性があることを知ることだ。

本人が言っていない言葉や、考えていない思考を他人に貼り付ける技術、最も下劣な仕方で人格を貶《おとし》める技術、このような技術が今やピークに達している。

私は観念を批判するが、けっして人格を攻撃しない。他人を貶めることは、自分自身を貶めることになる。

フランスは一つの文化と同時に複数の文化を持っている。歴史を通じて、ブルターニュ人、アルザス人、その後は移民の子孫など、きわめて多様な民族を自らのうちに取り入れた。フランスの統一性は多文化性を含んでいる。偏狭な精神にとっては対立するように見えるこの二つの概念は補完しあうのだ。

危機とともに生きる

私たちは、人間に固有な怒りの病に対するワクチンを見つける必要がある。私たちは疫病のただなかにいるのだから。

新型コロナウイルス危機とは、ある意味で、人間の運命が自然を支配し、世界の主人になることだという考えにもとづく近代の発想そのものの危機である。

新型コロナウイルスが私たちに突きつけるのは、私たちが先の見えない冒険《アドベンチャー》を生きていること、未知の世界での冒険、人類にとって前人未踏の冒険を生きているということだ。

神秘

大文字の〈現実〉は我々のさまざまな現実の背後に隠れている。

人間の精神は〈神秘〉の閉じられた扉の前にある。

謝辞

この本は、私の生涯の伴侶にして霊感《インスピレーション》の源であるサバー・アブサラムと、『道を変えよう』の編集者にして伴走者であったドロテ・キュネオの提案によって生まれた。ともに議論し、テクストを読み、修正を施すことで本書の執筆を支えてくれた二人に心から感謝する。

原註

［　］＝訳註

1 *Vidal et les siens* (en collaboration avec Véronique Grappe-Nahoum et Haïm Vidal Sephiha), Seuil, 1989.［『ヴィダルとその一族』（未邦訳）］

2 *Terre-Patrie*, Avec Anne-Brigitte Kern, Seuil,1993.（『祖国地球――人類はどこへ向かうのか』エドガール・モラン／アンヌ・ブリジット・ケルン著、菊地昌実訳、法政大学出版局、一九九三年）

3 *Autocritique*, Julliard, 1959.（『自己批評――スターリニズムと知識人』宇波彰訳、法政大学出版局、一九七六年）［邦題は『自己批評』だが、本書では『自己批判』と表記する］

4 *Vif du sujet*, Seuil, 1969.［『問題の核心』（未邦訳）］

5 *L'An zéro de l'Allemagne*, La Cité universelle, 1946.（『ドイツ零年』古田幸男訳、法政大学出版局、一九八九年）

6 *L'Homme et la Mort*, Corréa, 1951; Seuil (éd. revue et augmentée), 1976.（『人間と死』古田幸男訳、法政大学出版局、一九七三年／『人間と死』渡辺広士訳、審美社、一九七四年）

7 *Méthode*, Seuil, 1977–2004.（『方法』大津真作訳、法政大学出版局、一九八四～二〇〇六年）［全六巻のうち邦訳は五巻まで］

8 原註3に同じ。

9 *La Métamorphose de Plozévet*, Fayard, 1967.（『プロデメの変貌――フランスのコミューン』宇波彰訳、法政大学出版局、一九七五年）［モランがブルターニュ西端の町プロゼヴェで行ったこの調査研究報告は、初版のタイトルでは町の名に Plomédet の仮名が使われ、*Commune en France : La Métamorphose de Plomédet* だった］

10 *Le Paradigme perdu : la nature humaine*, Seuil, 1973.（『失われた範列――人間の自然性』古田幸男訳、法政大学出版局、一九七五年）

11 « Une histoire racontée par un idiot, pleine de bruit et de fureur, et ne signifiant rien », Shakespeare, *Macbeth*.［本書の原文では英語の『マクベス』より引用されている。松岡和子訳、ちくま文庫、一九九六年、一六九頁］

12 Karl Marx, « Les révolutions de 1848 et le prolétariat », discours du 14 avril 1856.［カール・マルクス「一八四八年革命とプロレタリア」、一八五六年四月十四日、ロンドンの慈善者新聞『人民新聞』のパーティーでのスピーチ］

13 私の日記 *Journal de Californie*, Seuil, 1970（『カリフォルニア日記――ひとつの文化革命』林瑞枝訳、法政大学出版局、一九七五年）を参照のこと。

14 *Amour, poésie, sagesse*, Seuil, 1997.［『愛、詩、知恵』（未邦訳）］

15 *Les souvenirs viennent à ma rencontre*, Fayard, 2019.［『思い出が私に会いに来る』（未邦訳）、ドガの彫刻は現在オルセー美術館にある］

16 私のこの気持ちについては、二十八歳のときに書いた詩を集め、二〇一八年にデカルト社から出版された詩集 *Poésies du métropolitain*, Descartes & Cie, 2018［『地下鉄のポエジー』未邦訳）］を読んでいただければ、わかっていただけると思う。

17 Axel Honneth, *La Lutte pour la reconnaissance*, Cerf, 2000.（アクセル・ホネット『承認をめぐる闘争――社会的コンフリクトの道徳的文法』山本啓／直江清隆訳、法政大学出版局、二〇〇三年／〔増補版〕法政大学出版局、二〇一四年）

18 Kant, *Logique*, 1800.〔カント『純粋理性批判』第二部「超越論的方法論」第二章「純粋理性の基準」第二節〕

19 私は、スペイン共和国が、内戦中にアナーキストやＰＯＵＭ（マルクス主義統一労働者党）に対して行った弾圧によって衝撃を受けました。そこで、私の最初の政治活動は、無政府主義的な「反ファシズム国際連帯（Solidaridad Internacional Antifascista）」の近くで行われました。

20 仏語版は Seuil 社より刊行（1972–1982）。

21 De la nature de *l'URSS*, Fayard, 1983.（『ソ連の本質――全体主義的複合体と新たな帝国』田中正人訳、法政大学出版局、一九八六年）

22 *Une politique de civilisation*, Avec Sami Nair, Arléa, 1997.〔『文明政策』未邦訳〕

23 Pierre Péan,*Une jeunesse française*, Fayard, 1994.〔『あるフランスの青春』（未邦訳）。若きミッテランが右翼で、三〇年代にはテロ活動も行った極右の「カグール団」に近かったという過去、さらには対独協力のペタン政権の役人も務め、ペタン元帥とも非常に近かったことを暴露。二〇〇七年には『ヴィシーのミッテラン（Mitterrand à Vichy）』としてテレビドラマ化された〕

24 *Changeons de voie, Les leçons du coronavirus*, Denoël, 2020.〔『道を変えよう――コロナウイルスの教訓』（未邦訳）〕

25 *La Tête bien faite*, Seuil, 1999; *Relier les connaissances*, Seuil, 1999; *Les Sept Savoirs nécessaires à l'éducation du futur*, Seuil, 2000; Enseigner à vivre, Actes Sud, 2014.〔『よくできた頭』『知識を連携

する』『これからの教育に必要な7つの知識』『生きることを教える』(いずれも未邦訳)〕

26 *La Voie*, Fayard, 2011.〔『道』(未邦訳)〕

27 原註24に同じ。

28 Georges Friedmann, *De la sainte Russie à l'URSS*, Gallimard, 1938.〔『聖なるロシアからソ連へ』(未邦訳)〕

29 *Pour entrer dans le XXIe siècle*, Seuil, 2004.〔『二十一世紀へ向けて』(未邦訳)〕を参照のこと。

訳者あとがき

本書はフランスの哲学者・社会学者であるエドガール・モラン（Edgar Morin）の *Leçons d'un siècle de vie*, Denoël, 2021 の全訳である。原題を逐語訳すれば、「一世紀分の人生の教訓」となるが、著者モランは出版時ちょうど百歳、訳名は『百歳の哲学者が語る人生のこと』とした。

著者は自分の人生と世界の歴史を巧妙に交差させ、そこから時宜を得た明確なメッセージを発信する。本書の魅力はいくつもあるが、三点だけあげておこう。一、激動の時代を生きた自由で慧眼な知識人の知的伝記であり、専門性に裏打ちされていながらも、地に足の着いた学問的議論が展開されていること。二、あらゆるレベルで多様性と持続性が問われている今、私たちが必要としている複雑性をはじめとするテーマが平易な言葉で説明されていること。三、現状の分析確認にとどまらず、危機を乗り越えるためには何が必要なのか、どのように行動すべきなのかが、具体的かつ積極的に提起されていること。

著者モランは世界的に有名な学者であるが、本書で初めて接する読者もいると思うので、簡単に経歴を紹介することにしよう。[*1] 本書の内容と重複するところもあることをお許し願いたい。

エドガール・モラン（本名はEdgar Nahoum）は、一九二一年七月八日、テッサロニキ出身の南方系ユダヤ人を両親に、パリ二十区の庶民的なメニルモンタン地区に生まれた。両親は、当時のフランス在住の他のユダヤ人同様、ユダヤ教から離れた世俗的な生活をしていて、律法に従って処理された食品（カシェール）を厳格に守るどころか、ハムなどの豚肉加工品すら食べていたほど宗教色が薄かったという。本書の冒頭に語られているように、モランにとって、ユダヤ人であることは彼のアイデンティティの一部に過ぎず、より広く地中海人、さらにはヨーロッパの人文的教養をバックボーンとした普遍的知識人というのが、彼の立ち位置だ。ユダヤ人という特殊性よりは、人類という普遍性の方に軸足を置くのだ。とはいえ、それは自らのユダヤ性を否定することとは異なる。このスタンスを彼は、ポスト・マラーノという言葉で表現する。「マラーノ」とは十五世紀末、キリスト教徒によって奪還されたイベリア半島でやむなくキリスト教に改宗したユダヤ人のこと。彼らは内に秘めた信仰を外見的には押し隠す二重生活を強いられたが、そのような歴史を踏まえて、モランは自分の立場を当初ネオ・マラーノと規定した。後にこれを発展させた態度をマルクスとフロイトのうちに見出し、宗教的帰属とは無関係に二重のアイデンティティを生きるあり方をポスト・マラーノ的と名づけた。対立するどちらか一方を信じるのではなく、矛盾のなかで思考し、生き、行動するというのがモラン流だ。その特質は、自明の理を常に問い直すこと、懐疑的であると同時に批判的であることにある。それはまた、世界の神秘を常に問い、救世主を信じることはなくても、救済は信じる生き方でもある。本書で示される「複雑性思考」は、このような対立物を統合する姿勢と結びついている。

青少年期は、戦争（両大戦）の時代であったが、早くに母を亡くし、独立心の旺

＊1『E・モラン自伝——わが雑食的知の冒険』（菊地昌実／高砂伸邦訳、法政大学出版局、一九九九年）だけでなく、多くの書でモランは自伝的な背景を語っている。

盛だったモランは、父親とは距離を取りつつ自己形成を行った。学校でフランスの人文主義を身につけるとともに、十四歳の頃、アナトール・フランスを読んで懐疑主義に染まり、ロマン・ロラン（『ジャン・クリストフ』）を読んで人類愛に燃え立ち、トルストイ、ドストエフスキーなどのロシア文学に、人間存在の根底に潜む矛盾を発見し、アンドレ・マルロー（『人間の条件』『希望』）を読んで政治参加に目覚めたという。ラ・ロシュフーコーらのモラリスト、ヴォルテールなどの啓蒙思想にも夢中になったというが、それでも実社会から距離を取る哲学よりは、マルクス主義や社会学の方により惹かれたとも言っている。その一方で、クラシック音楽に心酔し、足繁くコンサートに通うとともに、実験映画館と呼ばれる「ステュディオ28」の常連となって映画鑑賞に浸るといった具合で、単なる優等生とは違う思春期を過ごしている。小説、シャンソン、クラシック音楽、映画のうちで、苦悩、屈辱、極貧、贖罪、友愛などが、時に悲劇的、叙事詩的に、時に辛辣な嘲弄《ちょうろう》の形で表現されるのに強く影響を受けた、と回想している。

モランが十八歳のときに始まった第二次世界大戦、それに続くナチスドイツによるフランスの占領、対独抵抗《レジスタンス》運動への参加などは本書の重要なテーマだ。戦後にはソ連と共産党への信奉と幻滅。冷戦、中東戦争、アルジェリア独立戦争があった。これらの出来事に積極的に関与している点は思想家モランを理解するためにも重要だ。彼は行動を通して思考する思想家なのだ。そもそも出発点となったのが、戦後すぐに、精神的にも物質的にも瓦礫の山のような状態となった西ドイツに赴いて、自分の目で見た状態をレポートした『ドイツ零年』（一九四六）であり、書斎の学者とはまったく異なる。

　実存主義からポスト構造主義まで、第二次大戦後のフランスの思想界のスターたちは、高等師範学校《エコール・ノルマル・シュペリウール》などエリート養成校の出身者が断然多い。それに対して、モランはむしろ独学の人、独立独歩の人であり、彼の自由な思考法もそれと関係がある。学歴が大学に職を得るには十分でなかったのは事実だろうが、それ以上に、本人も言うように自由を求めたのだろう。一九五〇年モランは、フランス社会学界の大御所ジョルジュ・フリードマンの後ろ盾を得て、ＣＮＲＳの略称で知られるフランス国立科学研究センターの研究員となる。一九三九年に設立され、第二次世界大戦後に再編されたＣＮＲＳは、自然科学から人文社会科学まであらゆる領域を網羅する研究所だが、大学の教員と違って、教育の義務はなく、とりわけ人文社会分野では個人の裁量で研究を行うことができ、自由度が高い点がモランに合っていたのだろう。最初の仕事は、少年期からの趣味を活かしてか、映画に社会学・人類学的な観点からアプローチした『映画　あるいは想像上の人間』（一九五六）、『スター』（一九五七）だった。

哲学者・社会学者と書いたが、モランはそのような枠組みに収まらない存在、「学際的」という紋切り型でも形容できない人物だ。境界を越えるだけでなく、壁を壊す攪乱者でもある。モランの仕事の特徴がその領域横断性にあるとはどういうことか。「人間とは何か」という問いに対して、通常は、生物学、医学、物理学、文学、社会学、民俗学、哲学などそれぞれの学問分野が独自の観点から答えを出すことで満足し、他の分野の成果を顧みることは少ない。そのような分断された知のあり方に批判的なモランは、人文科学、社会科学、自然科学、テクノロジーの垣根を軽々と乗り越える。主著『方法』（全六巻）の中核にあるのは認識問題の問い直しであり、分断された知をいかに再統合するかという困難な試みへの挑戦だ。これは各分野の知識が高度に発達した現在では、言うは容易《たやす》いが、実行は難しい。

モランが原則や法則ではなくて、出来事を重視するのはそのためだろう。彼の研究のやり方は、原理から出発する演繹的なものではなく、出来事そのものに先入見なしに対峙しようとするもの。本書でも、歴史的な大事件から、日常の小さな一コマ（南仏の街での陽だまりの散歩）まで、数多くの出来事が、あたかも映画の一場面のように示される。

出来事の特徴こそ、彼が複雑性と呼ぶものに他ならない。サイバネティクス、情報理論、システム工学を援用し、自己組織化や自己生産《オートポイエーシス》などの観点から、既成のパラダイムから逃れようとするモランの考えは、『方法』の総序「谷間の精神」に高らかに宣言されている。それは一言で言えば、対立や矛盾を単純に解消するのを避ける姿勢だ。この立場をモランは、本書でも何度か引用する古代ギリシャのヘラクレイトスのうちに読み取る。思想系で言えば、パスカル、ヘーゲル、マルクス、自然科学で言えば、ニールス・ボーアやゲーデルなどのうちにもその系譜を見てとる。その一方で、科学の性質について哲学的に考察したフッサールやハイデガー、科学論的考察を展開したカール・ポパー、トマス・クーンなどの批判精神も参照しつつ、科学生態学、地球科学、宇宙論などと接続した人類学あるいは人間学を展開する。その試みは壮大で眩暈《めまい》がしそうなほどだが、本書ではその骨子がきわめて平易に語られている。

人間は知性的、理性的な存在であるだけでなく、錯乱し狂気に駆られた存在、つまりホモ・サピエンス・デメンスだ、とモランは言う。理性と情熱の両輪を備えているのが人間であり、それは常に入れ替わり、どちらかが一方的に支配するのではない。愛という情熱がない人間は寂しすぎる、とモランは考える。

本書では、モランのさまざまな政治活動についても語られているが、二十世紀が激動の時代だったことがあらためて実感される。彼の政治的立場は基本的に左翼だが、紆余曲折の末、既成の政党とは距離を保ちながらも、常に政治への関与は続けた。[*1] 歴史のなかで翻弄された人名や出来事など多くの固有名詞が出てくるため、読者は少し戸惑うかもしれないが、一般的な事象を説明するための例示なので、いちいち気にしなくてよいだろう。[*2]

モランは各界に幅広い人脈を持ち、多くの著名人と交流した。後に『愛人《ラマン》』で文壇の寵児となるマルグリット・デュラスや彼女の夫ロベール・アンテルム、恋人ディオニス・マスコロらとの若き日の友情をはじめ、芸術家、政治家、科学者との交流からモランは多くの刺激を受けた。このような人的交流も彼の旺盛な好奇心の表れと言える。

一方、本書で語られる家族関係に関しては、現代の感覚からすると、とりわけ妻や娘たちなど、女性との関係で、マッチョと言わないまでも、かなり自己中心的なところが窺えるかもしれない(この世代の男性の中で突出しているわけではない)。エロス礼賛は本書の重要な要素の一つであるが、モランにとって女性の存在そのものが生きる喜びであるようだ。

本書は、著者が自らの人生の百年の軌跡を回想しつつ、具体的な経験を通して自分の思想を平易に語る知的自伝であるが、そのメッセージは、パンデミックに苦しむ私たちに多くの指針を与えてくれる。その豊かな教訓をここで繰り返すことはしないが、強調しておきたいのはその徹底的な楽観主義だ。もちろん、思考停止によ

＊1 詳しくは、『自己批評——スターリニズムと知識人』(宇波彰訳、法政大学出版局、一九七六年)を参照されたい。

＊2 人物の多くには訳註を付けたが、有名な作家や思想家に関しては最小限にとどめた。

る能天気なオプティミズムとは違う。不運は幸運に転じ、それがまた不運に転じることもある。いかに用意周到に振る舞っても、避けられない災厄がやってくる。だが、それこそが生きるということであり、くよくよしていても始まらないのだ。誤りを恐れることなく、そのとき最善と思われる選択をすること。それが生きることの喜びにつながると、モランの言葉は読む者の背中を明るい光の方へとそっと押してくれる。

すべては予測不可能。今ほどこの言葉が実感されるときはない。新型コロナウイルスの世界的感染がこれほど長期化することは誰も予想していなかった。そして、疫病が欧米では収束するかに見えたときに、今度はロシアによるウクライナ侵攻という信じられない事態が起こった。9・11、3・11など、二十一世紀はこれまでもけっして平穏ではなかった。それでもこの二〇二二年は、あの悪夢のような第二次世界大戦が起こった一九三九年の再来のようにも見える。あのときも、ヒトラーのポーランド侵攻は青天の霹靂と受け止められた。多くのフランス人たちは直前までバカンスを楽しんでいたのだ。不測の事態、最悪の事態を想定することができないとしても、常に心の準備をしていなければならないというモランの教訓は、今まさに私たちが必要としているものだ。

＊

二〇二一年に出版されるや多くの読者の共感を呼び、フランスでたいへん話題になっていた本書の翻訳を打診してくださったのは河出書房新社の編集者新屋敷朋子さんである。百科全書的なアプローチで読む者を圧倒する『人間と死』に触れて以来、モランはぼくにとって常に気になる存在だったので、二つ返事でお引き受けした。企画から校正までていねいに伴走してくださった新屋敷さんのお陰で、短期間での刊行にこぎつけた。この場を借りて心より御礼を申し上げます。両大戦間期の組織名などに関してご教示くださった歴史学者の剣持久木先生にも感謝します。また、訳語や事実関係などについてこれまでのモランの著作の訳書から多くのことを教えられた。訳者の方々に敬意と感謝を表したい。

本書は平易な文体で書かれているとはいえ、ヨーロッパの歴史をはじめ多岐にわたる事象が出てくるため、浅学非才の訳者には理解が難しい部分も少なくなかった。

不測の誤りなどもあるかと思う。読者諸氏のご批判やご指導をいただければ幸いである。

二〇二二年三月

澤田直

著者略歴

エドガール・モラン Edgar Morin

一九二一年、フランス・パリ生まれ。ユダヤ人の両親のもとに生まれ、哲学者、社会学者。第二次世界大戦中、対ナチス・レジスタンスの一員として活動し、「パリ解放」にも加わった。戦後にはマルグリット・デュラスなど作家や詩人とも盛んに交流しながら、その複雑性を持つ思考を深めていった。その仕事の特徴は、哲学、社会学、自然科学の垣根を軽々とのりこえる領域横断性にある。主著『方法』全六巻(法政大学出版局)の中核にあるのは認識問題の問い直しであり、「イデオロギー、政治、科学」がなす三角関係を「複雑性」と捉え、その再考を試みた。著書に、『ドイツ零年』『自己批評――スターリニズムと知識人』(ともに法政大学出版局)、『オルレアンのうわさ――女性誘拐のうわさとその神話作用』(みすず書房)ほか多数。

訳者略歴

澤田 直《さわだ・なお》

一九五九年、東京生まれ。パリ第一大学大学院哲学科博士課程修了。立教大学文学部教授。著書に『〈呼びかけ〉の経験――サルトルのモラル論』(人文書院)、『新・サルトル講義――未完の思想、実存から倫理へ』(平凡社新書)、『ジャン=リュック・ナンシー――分有のためのエチュード』(白水社)、『サルトルのプリズム 二十世紀フランス文学・思想論』(法政大学出版局)ほか。訳書に、ジャン=ポール・サルトル『言葉』『真理と実存』(ともに人文書院)、『自由への道』(共訳、岩波文庫)、ジャン=リュック・ナンシー『自由の経験』(未來社)、フェルナンド・ペソア『ペソア詩集』(編訳、思潮社)、『[新編]不穏の書、断章』(平凡社ライブラリー)、フィリップ・フォレスト『さりながら』(白水社)、『シュレーディンガーの猫を追って』『洪水』(共訳、河出書房新社)、ミシェル・ウエルベック『ショーペンハウアーとともに』(国書刊行会)など。

百歳の哲学者が語る人生のこと

二〇二二年六月二〇日　初版印刷
二〇二二年六月三〇日　初版発行

著者　エドガール・モラン
訳者　澤田直
ブックデザイン　鈴木成一デザイン室
発行者　小野寺優
発行所　株式会社河出書房新社
〒一五一-〇〇五一　東京都渋谷区千駄ヶ谷二-三二-二
電話　〇三-三四〇四-一二〇一［営業］
〇三-三四〇四-八六一一［編集］
https://www.kawade.co.jp/
組版　株式会社創都
印刷　三松堂株式会社
製本　小泉製本株式会社

Printed in Japan　ISBN978-4-309-25447-0